EMANUEL ALOYS FÖRSTER

Anleitung zum General-Bass
(1805)

einschließlich der Biographie

Karl Weigl: Emanuel Aloys Förster (1913)

Neu gesetzt, kommentiert und herausgegeben von

Daniel Hensel

EMANUEL ALOYS FÖRSTER

Anleitung zum General-Bass
(1805)

einschließlich der Biographie

Karl Weigl: Emanuel Aloys Förster (1913)

Neu gesetzt, kommentiert und herausgegeben von

Daniel Hensel

ibidem-Verlag
Stuttgart

Bibliografische Information der Deutschen Nationalbibliothek
Die Deutsche Nationalbibliothek verzeichnet diese Publikation in der Deutschen Nationalbibliografie; detaillierte bibliografische Daten sind im Internet über http://dnb.d-nb.de abrufbar.

Bibliographic information published by the Deutsche Nationalbibliothek
Die Deutsche Nationalbibliothek lists this publication in the Deutsche Nationalbibliografie; detailed bibliographic data are available in the Internet at http://dnb.d-nb.de.

Coverabbildung: Emanuel Aloys Förster, Lithographie von Josef Eduard Teltscher, 1820.
Quelle: http://commons.wikimedia.org/wiki/File:Emanuel_Aloys_Foerster.jpg?uselang=de.
Gemeinfrei.

∞

Gedruckt auf alterungsbeständigem, säurefreien Papier
Printed on acid-free paper

ISBN-13: 978-3-8382-0378-2

Printed in Germany

Danksagungen

Ich danke meiner Frau Dorota Ewa, daß sie alle meine Vorhaben unterstützt und mir die Kraft gibt und die Zeit verschafft, zu komponieren und meine Bücher zu schreiben und danke meinen Eltern Roselinde und Reinhard Hensel dafür, daß sie mich häufig durch die Betreuung meiner beiden kleinen Kinder unterstützt haben.

Ganz besonders muß ich mich bei Karl Weigl, dem Enkelsohn des Komponisten Karl Weigl, und bei Frau Dr. Juliane Brand bedanken, die mir zu jeder Zeit Rede und Antwort gestanden und mir auch die einzigartigen Bilder von Karl und Vally Weigl unentgeltlich zur Verfügung gestellt haben.

Ich danke den technischen Beratern zur Realisierung des Quintenzirkels von Emanuel Aloys Förster, die ich mit Dutzenden von technischen Fragen nach Polarkoordinaten und Trigonometriefunktionen genervt habe, und zwar Prof. Dr. Peter Ackermann, Hermann Beyer, Ingo Jache und Dr. Thomas Niederhausen.

Prof. Marko Zdralek danke ich für die Überlassung der Materialien seiner Vorlesung über Simon Sechter und Anton Bruckner aus dem Jahr 2009. Herrn Dr. Wolfgang Budday, der mir viele meiner Fragen auch außerhalb seiner Schriften per Email beantwortet hat, danke ich ebenfalls sehr.

Und ich danke Frau Lange, Frau Haunschild und Herrn Schön und dem gesamten Team des ibidem-Verlages für die Hilfe und Realisierung dieses Projektes.

Inhaltsverzeichnis

1 Vorwort von Daniel Hensel **i**

2 Karl Weigl **1**

2.1 Karl Weigls Biographie. 1

2.2 Karl Weigl, Emanuel Aloys Förster. 7

2.2.1 Biographie. 7

2.2.2 Klaviermusik. 19

2.2.3 Kammermusik für Klavier mit Streichinstrumenten. 24

2.2.4 Kammermusik mit Bläsern. 26

2.2.5 Streichquartette. 27

2.2.6 Streichquintette. 41

3 Anleitung zum General-Bass **51**

3.1 VORREDE. I

3.2 Erstes Kapitel. 68

3.3 Zweytes Kapitel. 79

3.4 Drittes Kapitel. 95

3.5 Viertes Kapitel. 120

3.6 Fünftes Kapitel. 127

4 Nachwort von Daniel Hensel **139**

5 Quellen **145**

Literaturverzeichnis. 145

Enzyklopädieartikel. 146

Bildnachweis. 147

Verzeichnis der Internetquellen. 148

1 Vorwort von Daniel Hensel

Was bewegt einen dazu, sich die Mühe zu machen, um eine 207 Jahre alte Generalbaßlehre sowie eine alte Dissertation von 1913 neu zu setzen und herauszugeben?

Es ist sicherlich die Überzeugung vom pädagogischen Werte dieser Lehrwerke. Bereits in meinem Friedemann Bach-Buch habe ich mich kritisch mit der Funktionstheorie auseinandergesetzt, da diese bereits bei der simplen Darstellung der Quintfallsequenz versagt, in der sie den jeweiligen verminderten Dreiklang oder halbverminderten Septimakkord (nämlich die VII. Stufe in Dur und die II. Stufe in Moll) nicht korrekt darzustellen vermag. Damals bezog ich mich, da ich Buddays Buch und auch das Försters noch nicht kannte auf meinen Tonsatzlehrer Gárdonyi:

> „Die Besonderheit des verminderten Dreiklanges liegt in seiner verminderten Quinte über dem Grundton. In allen historischen Stilen, in denen eine verminderte Quinte zum Baßton vermieden wurde, ist daher der Gebrauch des verminderten Dreiklanges fast ausschließlich auf die erste Umkehrung beschränkt. Dabei wird nahezu ausnahmslos die Terz verdoppelt. Der Grund hierfür ist in dem konsonanten Verhältnis des Terztones zu den beiden dissonanten Ecktönen zu sehen. Eine Verdoppelung des Quint- oder Grundtones würde das verminderte Rahmenintervall zusätzlich verstärken und bei dem häufigen Einsatz des Grundtones als Leitton eine unzulässige Verdoppelung erzeugen. Als VII. Stufe in Dur oder vergleichbaren Zusammenhängen wird er in dieser Form als typisch leittöniger Klang eingesetzt.[...] Kein verkürzter Septimakkord!“[1]

Auf der Suche nach dem alten Wissen, stieß ich auf Empfehlung meines Komponistenfreundes Marko Zdralek auf Wolfgang Budday und Emanuel Aloys Förster.

Wolfgang Budday hat zwei hervorragende Bücher geschrieben, die mir in Bezug auf die Musik, Theorie und Terminologie der Wiener Klassik die Augen geöffnet haben: „Harmonielehre Wiener Klassik. Theorie-Satztechnik-Werkanalyse.“, als auch das Beiheft: „Satztechnische Übungen – die Harmoniekurse von W.A. Mozart und E.A. Förster“,[2] erschienen bei Berthold & Schwerdtner im Jahre 2002 sowie „Grundlagen musikalischer Formen der Wiener Klassik“, erschienen bei Bärenreiter, Kassel 1983.[3]

Buddays Harmonielehre-Buch lehrt Musiktheorie historisch und nimmt Bezug auf den Harmonielehrekurs Mozarts für Thomas Attwood sowie auf die Generalbaßlehre Försters und fördert durch die historischen Quellen ein neues Verständnis für das harmonische Denken in der Wiener Klassik zutage. In den dort geschilderten Begrifflichkeiten und Zusammenhängen haben die Komponisten der Wiener Klassik tatsächlich gedacht. Als Lehrbuch sollte dieses mittlerweile zum Standardrepertoire gehören. Budday schreibt hierzu, daß alle heute gängigen Harmonielehrebücher „bewußt oder unbewußt idealistischen Vorstellungen" anhingen und davon ausgingen, daß mehr oder weniger „naturgegebene Gesetze" die Harmonik regelten und daß „individuelle oder zeitliche Differenzierungen deren generelle Gültigkeit letztlich nur"[4] bestätigten. Budday erläutert weiter, daß „im Zentrum dieser Harmonielehren" die »Hauptfunktionen« „Tonika, Subdominante und Dominante[5] stünden, „auf die alles harmonische Geschehen quasi naturgesetzlich zurückgeführt" würde.[6] Alle diese Harmonielehren gingen auf einen Tonalitätsbegriff ein, der etwa „1890 von Hugo Riemann entwickelt"[7] und „danach vielfach fortgeschrieben und differenziert"[8] worden sei.

Diese »Tonalität« sei „definiert durch eine Summe von Akkorden, die unter Zuhilfenahme von Hilfsbegriffen letztlich auf die Tonika als Hauptklang beziehbar werde".[9] Allerdings werde mit diesem Begriff der „fortgeschrittenen Musiktheorie des späten 19. Jahrhunderts Rechnung zu tragen versucht"[10], wodurch „der präzise definierte ältere Tonart- und Modulationsbegriff aufgegeben und durch einen umfassenden, in seinen Grenzen letztlich nicht festgelegten Begriff ersetzt"[11] werde. Nach „weitverbreiteter Vorstellung"[12] gehöre „alles dazu, was mit dem Begriffssystem nur irgendwie erklärbar und beziehbar"[13] sei. Budday äußert weiter:

> „Dies führt in der Praxis heutiger Analyse (nicht nur Wiener Klassischer Musik) bisweilen zur völligen Entstellung einstmals gedachter harmonischer und tonartlicher Zusammenhänge, wie eine Vielzahl von Publikationen belegen. [...] Die vorliegende Harmonielehre unterscheidet sich insofern von allen anderen gängigen Harmonielehren, als sie ihre Aussagen erstmals auf einen wohlbestimmten Zeitraum eingrenzt[...] und dabei ihr zur Erklärung benütztes Begriffssystem aus den historisch einschlägigen Quellen gewinnt."[14]

Zur Zeit der Wiener Klassik lebte man noch immer im Generalbaßzeitalter. Dieser bildete das Fundament jeglicher musikalischer Ausbildung. So dachte man in absoluten Akkorden und den Fortschreitungen von Akkord zu Akkord, aufgebaut auf der zugrundeliegenden Tonleiter. Dabei waren zwei Lehrwerke besonders verbreitet: Im norddeutschen Raum der „Versuch über die wahre Art das Clavier zu spielen" von Carl Philipp Emanuel Bach, nach dem noch Beethoven und Förster unterwiesen wurden und das Werk „Fundamentae partiturae in compendio data" aus dem Jahr 1719 des Salzburgers Matthaeus Gugl, das wohl der Ausbildung Haydns und Mozarts zugrunde lag.[15]

Durch den Komponisten und Musiktheoretiker Jean-Philippe Rameau (1683-1764) kam ein neues Denken im 18. Jahrhundert auf, das schließlich zur Zerstörung des alten Generalbaßdenkens führen sollte. Rameaus „Grundsätze"verbreiteten sich in Mitteldeutschland einigermaßen rasch: So bezieht sich Friedrich Wilhelm Marpurg in seinem Handbuch bey dem Generalbasse (1755, 1757 und 1758) als erster, dann Johann Philipp Kirnberger in seinen Werken „Kunst des reinen Satzes“ (1771) und „Grundsätze des Generalbasses als erste Linien zur Composition“ (1781) auf Rameau.[16] Leopold Mozart erwähnt[17] Marpurg[18] sogar in seiner Violinschule, „nicht aber Rameau!“[19]

Im Wien der 1780er Jahre waren Rameaus Gedanken zum Fundamentalbaß jedoch immer noch nicht sehr verbreitet.[20] Wie Wolfgang Budday darlegt, war zwar das Rameausche Denken in Mozarts Harmonielehrekurs für Thomas Attwood bereits umgesetzt, doch war dies sehr wahrscheinlich nicht der Bestandteil von Mozarts Ausbildung bei seinem Vater gewesen. In Mozarts Kopf dürfte wohl der Geist des alten Generalbasses noch immer fortgewirkt haben.[21] Doch worin besteht der neue Geist? Nach Rameau lassen sich alle Akkorde auf grundtonbasierte Dreiklänge zurückführen.[22] Im Barockzeitalter gab es im Gegensatz dazu eine reiche Vielfalt an Akkordtypen, da diese als eigenständige Gebilde angesehen wurden. Der uns bekannte C-Dur-Sextakkord im alten Denken ein Sextakkord auf e, der 3. Generalbaßstufe, fein zu unterscheiden von der III. Stufe der Stufentheorie, denn hier wäre der Sextakkord der III. Stufe ein e-Moll-Sextakkord. Rameau ging von einer theoretischen Fortschreitung eines „basse fondamentale“ aus, einer harmonischen Fortschreitung von Grundton zu Grundton oder Fundamentalbaß zu Fundamentalbaß statt von Generalbaßakkord zu Akkord. Dabei treten in der Auseinandersetzung der deutschen Theoretiker mit Rameau gewaltige Unterschiede zutage. Marko Zdralek hat in einer Vorlesung über Bruckner und Sechter, die er im Jahre 2009 an der Hochschule für Musik Würzburg hielt, die wichtigsten Unterschiede der Rameau-Rezeption durch Marpurg, Kirnberger und Sechter herausgearbeitet:

> „**Rameau** *(Traité d l'harmonie 1722)*
>
> Schon bei Rameau: Septakkord der II. Stufe in Moll entsteht durch Hinzufügung einer Terz unterhalb des Subdominantklanges: Alle Akkorde, die andere als diese Verhältnisse aufweisen, sind als abgeleitete anzusehen und müssen durch Oktavversetzung ihrer Töne auf einen solchen aus Terzen aufgebauten Akkord zurückgeführt werden. Reichen drei Terzen nicht aus, so wird eine vierte, ja fünfte, zur Hilfe genommen, die aber nicht mehr oben aufgesetzt, sondern untergestellt wird *(Accords par supposition)*. (Riemann, Gesch. d. Musiktheorie, S.485)
>
> - Allein zulässige Schritte des Fundamentalbasses: Quinten und Terzen und deren Umkehrungen: Sekundfortschreitungen werden ausgeschlossen!
> - *double emploi*: der Akkord f-a-c-d ist bei der Fortschreitung in die V. Stufe Septimakkord der II. Stufe! Bei der Fortschreitung in die I. Stufe ist er Akkord mit *sixte ajoutée* der IV. Stufe!
>
> **Marpurg** *(Handbuch bey dem Generalbasse und der Composition 1757-1762; Anfangsgründe der theoretischen Musik 1757/60)*
>
> - läßt jede wirklich getätigte Baßfortschreitung gelten
> - lehnt die Lehre von den Zwischenfundamenten ab
> - ist gegen Kirnberger: Kirnberger-Trugschluß: I-V7-VI= I-III9-VI:

Marpurg: einfache (Sept-)Akkorde werden durch zusammengesetzte Nonakkorde erklärt, weder Septime noch None sind vorbereitet, der Baß muß nicht quartenweise fortschreiten.

Kirnberger *(Die Kunst des reinen Satzes 1774-1779, 1771?)*

- wesentliche Fortschreitungen des Grundbasses: Quint und Quarte, dann die Sext und die Unterterz (in gewissen Fällen) in die Obersekunde
- Sekundweises Fortschreiten des Grundbasses ist eigentlich ein Terzfall+Quintfall!
- Sechters Lehre von den Zwischenfundamenten beruht auf Kirnberger
- Bei Kirnberger verlangt auch die Fundamentfortschreitung in die Oberterz einen Mittelakkord: statt I-III: I-VI-III oder I-V-III
- Sechter und Kirnberger fassen den Trugschluß V-VI im Gegensatz zu Rameau (*Cadence rompue*, durch die Sexte der Tonika gestörter Schluß, in dem die Tonika jederzeit verdoppelt werden kann) nicht als Sekundfortschreitung auf: die Verbindung V-VI ist eigentlich die Verbindung V-III-VI (die V ist Sept- oder Nonakkord der III.)"[23]

Die Konsequenzen aus den Grundsätzen Rameaus weisen über Simon Sechters Fundamentalbaßlehre auf Anton Bruckners Sinfonik sowie über Arnold Schønbergs *Harmonielehre* bis ins 20. Jahrhundert und in die Moderne.

Hier, im Werke Försters, ist das neue Denken Rameaus bereits Bestandteil der Ausbildung, orientiert sich aber noch am Intervalldenken früherer Zeiten. Wer sich einen Überblick über die Geschichte des Generalbasses und die Entwicklung des Rameauschen Denkens und seine Auswirkungen auf die Generalbaßlehre verschaffen will, sei auch hier das Harmonielehre-Buch Buddays anempfohlen.[24]

Worauf es dem Herausgeber ankam, war, den Originaltext der Generalbaßlehre der Allgemeinheit wieder verfügbar zu machen. Hierbei sollte es nicht um einen bloßen Reprint gehen, sondern das Buch mit den Mitteln des 21. Jahrhunderts neu zu setzen. Die Grundlage für den Textsatz bildete hierbei der LaTeX Standard, die Grundlage des Notensatzes bildete das Programm Lilypond, das Hand in Hand mit LaTeX zusammen arbeitet. Dies sei nur erwähnt, weil diese beiden kostenlosen Open-Source-Programme unter Musikern und Musikwissenschaftlern oft noch weitestgehend unbekannt sind, dabei ist jeder eingeladen, hier mitzuwirken und die Programme mit zu gestalten. Ganz besonders stolz bin ich auf die Realisierung des Quintenzirkels, dieser wurde ebenfalls in LaTeX programmiert, was fast länger gedauert hätte, als die eigentliche Schreibarbeit am Buch. Aber das Ergebnis kann sich in seiner Ästhetik sehen lassen! Dabei mußten wie im 19. Jahrhundert zunächst fünf konzentrische Kreise gezeichnet werden. Anschließend wurden die Pfeile gesetzt, Vorbild war hier eine Uhr. Im weiteren Verlauf wurden die Notenschlüssel anhand der Polarkoordinaten gesetzt, dann die Vorzeichen und zum Schluß die Noten. Jedes einzelne Element mußte wieder von Hand (per x- und y-Koordinate) gesetzt und der Winkel angepaß werden. Da das einzig verlässliche hier das Augenmaß war, traf sich der Herausgeber wieder sehr genau mit dem Buchsetzer aus dem Jahr 1805 und konnte so diese Ästhetik wiederaufleben lassen. Einen Eingriff in den Text hat sich der Herausgeber gestattet: Anstelle eines gesonderten Notenteils hat er diesen in den Fließtext integriert, da ihn als Leser das ständige Umblättern gestört hat.

Auf einen kritischen Bericht wurde wegen der geringen Fehlerquote in den Beispielen Weigls sowie Försters verzichtet, die wenigen Korrekturen sind in den Endnoten angezeigt. Bei Weigls Dissertation wurden Rechtschreibung und Zeichensetzung bei offensichtlichen Druckfehlern behutsam korrigiert sowie die Kapitel nummeriert.

Der Herausgeber nimmt die Arbeit deshalb auf sich, weil er als Lehrender in Musikwissenschaft seinen Studenten vermitteln will, die Musik einer Epoche auch mit dem Denken und der musiktheoretischen Terminologie einer Zeit zu sehen oder in Beziehung zu setzen. Denn als zeitgenössischer Komponist will auch er seine eigenen Werke nur unter den selbst definierten Vorbedingungen verstanden wissen.
Was für das Fach Harmonielehre gilt, trifft potenziert auf das Fach Formenlehre zu. Wenn man es mit einer Musik zu tun hat, in der motivisch-thematische Arbeit so gut wie nicht vorkommt, man aber durch die systematische Musikwissenschaft Ende des 19. Jahrhunderts gelernt hat, genau daraufhin zu analysieren, nach dem Motto „Es darf nicht sein, was nicht sein kann“, so wird man seine liebe Müh' und Not haben, wenn man beispielsweise die Musik eines Wagenseil oder eines Dittersdorf analysieren will. Wenn die Musik nur aus Dreiklängen oder Tonleitern besteht, wo soll dann die Analyse ansetzen? Versteht man diese aber als „interpunktisch-rhythmische“ Diskussion im Sinne der „Klangrede“, dann bekommt diese Musik einen ganz anderen Sinn.

Auch hier war Wolfgang Budday ein Pionier, in seiner Dissertation „Grundlagen musikalischer Formen der Wiener Klassik“[25] spürte er anhand der Schriften Joseph Riepels und Heinrich Christoph Kochs genau jenes historische Formverständnis auf und untersuchte die Musik der Wiener Klassik im strikt historischen Sinne, mit für uns heute doch ungewohnten Terminologien und unerwarteten Schlußfolgerungen. Es kann nur jedem Musiker, egal welcher Fachrichtung angeraten werden, sich entweder mit Buddays Forschungen oder den historischen Quellen selbst auseinanderzusetzen.

Damit Letzteres möglich ist, sollen die musiktheoretischen Werke der Vergangenheit auch heute verfügbar sein.

Da viele Studenten der jüngsten Generation vor Büchern in Fraktur-Schrift oder anderen älteren Schrifttypen zurückschrecken, wurde der Weg des Neu-Setzens gewählt. Puristen mögen mir dies bitte verzeihen, aber eine Neuauflage kann nur Sinn machen, wenn man möglichst viele Menschen auch damit erreicht. Goethes Faust auch nicht in historischen Ausgaben von den Schülern gelesen.

Es ist mir eine Freude, das Werk eines Mannes, der als Pädagoge und als Komponist von Beethoven sehr geschätzt wurde, nach über zweihundert Jahren wiederauferstehen zu lassen. Dabei fiel mir auf, daß es nur sehr wenig zur Person Försters zu lesen gibt. Die Quellenlage zur Biographie Försters ist in der Tat sehr dürftig. Grundlage der Biographie, auch im MGG, ist die Dissertation des Zemlinsky-Schülers Karl Weigl aus dem Jahr 1913.[26] Diese bildet noch heute den Grundstock aller musikwissenschaftlichen Auseinandersetzung mit Emanuel Aloys Förster. Interessant ist, wie letztendlich doch immer wieder alle Fäden zusammenlaufen. Förster war eine Person, die von den drei großen Wiener Klassikern geschätzt und geehrt wurde, die mit Beethoven sogar zeitweise im gleichen Hause wohnte. Diese Person bildete runde 90 Jahre nach ihrem Tode den Forschungsgegenstand eines Schülers des einzigen Lehrers Arnold Schönbergs: Alexander von Zemlinsky, dessen Schwager Schönberg auch wurde. Zemlinsky wiederum war auch der Kompositionslehrer Alma Mahler-Werfels und Mahler nannte Schönberg und Zemlinsky bekanntlich „Eisele und Beisele". Doch das ist eine andere Geschichte. Diesem Schüler Zemlinskys verdanken wir so gut wie alles, was wir heute von Emanuel Förster wissen. So ist es mir auch hier eine Freude, daß ein weiteres vergessenes Werk den Weg ins Licht der Welt findet. Auch diese Arbeit wurde vollkommen neu gesetzt. Studien zu Leben und Werk Karl Weigls von Seiten des Herausgebers werden folgen!

Es wurde bewußt die 1. Auflage von Försters „Anleitung" gewählt. Sie fällt in die Zeit, in der Beethoven an seinen Sinfonien 4-6 arbeitet, eine Zeit, in der Beethoven sicherlich über die größte kompositorische Produktivität verfügte und auf der Höhe seines weltlichen- oder kommerziellen Erfolges war. Jedenfalls war Beethoven zu jener Zeit im Musikleben fest etabliert. Um dem Schüler klarzumachen, unter welchen historischen und sozialen Bedingungen das Werk geschrieben wurde, ein kurzer historischer Abriß, denn das Jahr 1805 ist ein Jahr großer Ereignisse:

Die Habsburger haben ein Jahr zuvor zusätzlich zur Krone des sich in Auflösung befindlichen Heiligen Römischen Reiches deutscher Nation die österreichische Kaiserkrone angenommen. In einem Jahr werden sie die römisch-deutsche Kaiserkrone niederlegen. Bayern hat in der Koalition mit Österreich und Rußland gegen Frankreich im „Bogenhauser Vertrag" diese verraten und wechselt an die Seite Frankreichs und wird später im Rheinbund zum Vasallen und Sklaven Napoleons. Österreich wird nach vernichtenden Niederlagen gegen Frankreich, die ihren Höhepunkt in der Schlacht bei Austerlitz finden, zunächst, wie später auch Preußen, verlieren. Zuvor wurde Wien am 5. November von den Franzosen besetzt und am zweiten Weihnachtsfeiertag schließen Österreich und Frankreich den „Frieden von Pressburg."

Nachdem wir uns mit dem Förster-Forscher Weigl beschäftigt haben, wenden wir uns im Anschluß dem Manne zu, den Beethoven außerordentlich schätzte, nicht nur als Nachbarn, sondern auch als Lehrer und Komponisten:

Emanuel Aloys Förster.

2 Karl Weigl

2.1 Karl Weigls Biographie.

Mit Karl Weigl verhält es sich biographisch fast so wie mit Emanuel Aloys Förster. Es gibt hier abseits des MGG nur eine einzige zuverlässige Quelle. Es wird deshalb häufig auf die Webseite der *Karl Weigl Foundation* und der Biographie *The Karl Weigl Papers*[27], die die Nachfahren Weigls pflegen, zurückgegriffen. Hierfür werden die Inhalte freilich von mir ins Deutsche übersetzt.
Karl Weigl wurde am 6. Februar 1881 in Wien geboren. Gustav Mahler war gerade 21 Jahre alt, Arnold Schönberg zarte zwei Jahre und Bruckners vierte Sinfonie wurde uraufgeführt. Karl Weigl studierte ab 1902 am Konservatorium der Gesellschaft der Musikfreunde in Wien als Schüler von Robert Fuchs Komposition und bei Anton Door Klavier.[28] In Privatstudien studierte er Komposition bei Alexander von Zemlinsky, der auch Kompositionslehrer einer jungen Frau namens Alma Schindler war, der späteren Frau Gustav Mahlers. Die Schwester Zemlinskys Mathilde wurde die 1. Frau Arnold Schönbergs.

Bei Guido Adler an der Universität Wien studierte Weigl Musikwissenschaft und promovierte im Jahr 1903 über Emanuel Aloys Förster.[29] Hier lernte Weigl schließlich Anton von Webern kennen. Gustav Mahler holte Weigl 1904 als Solorepetitor an die Wiener Hofoper, dort arbeitete er bis 1906.[30] Über seine Tätigkeit als Korrepetitor sollte Weigl später einmal schreiben:

> „Selbst heute halte ich die Jahre, in denen ich unter Gustav Mahler gearbeitet habe, für die lehrreichste Zeit meines Lebens.“[31]

Hier konnte er Mahlers temperamentvolles, bedeutendes dirigentisches Wirken aus nächster Nähe studieren.[32]

1904 ist auch das Jahr, in dem Karl Weigl zusammen mit Schönberg, Zemlinsky und anderen Komponisten der „Vereinigung schaffender Tonkünstler“ beitritt, einer Gesellschaft, die sich der neuen Musik der Zeit annehmen sollte. Die erste Saison dieser Vereinigung brachte sowohl Aufführungen großer Werke Richard Strauss', Zemlinskys, Mahlers und Schönbergs, als auch Aufführungen von Kammermusikwerken von Wiener Komponisten, Weigl eingeschlossen, hervor.[33] So waren auch Weigls Werke jener Zeit stark von der Musik Johannes Brahms', Hugo Wolffs und Gustav Mahlers beeinflußt und in einem spätromantischen Idiom komponiert.[34] Gustav Mahler verdankte Weigl einige Aufführungen seiner Stücke, wie seinem Streichsextett, das vom Rosé Quartett 1907 in Wien uraufgeführt wurde. 1910 gewann Weigl mit seinem 3. Streichquartett schließlich den

Beethoven-Preis der Gesellschaft der Musikfreunde Wien, das ebenfalls vom Rosé Quartett uraufgeführt wurde.[35] Im gleichen Jahr wurde seine 1. Symphonie in Zürich uraufgeführt, wodurch die Zusammenarbeit mit der Universal Edition Wien begann.[36] Das Komponieren für Stimme blieb zwar lebenslang ein Duktus Weiglschen Schaffens, doch zu jener Zeit schrieb er eine große Anzahl an Liedern und Chorwerken. Im gleichen Jahr heiratete er die Sängerin Elsa Pazeller, mit der Weigl 1911 eine Tochter namens Maria bekam. Die Ehe wurde allerdings 1913 wieder geschieden.[37]

Im I. Weltkrieg diente Weigl in der Österreichisch-Ungarischen Armee und war von 1916-1917 in Kroatien stationiert. Nach den Schilderungen der Biographie in *The Weigl Papers*[38], seien seine Werke von seinem starken Pazifismus und seiner Liebe zur Natur, vor allen Dingen zu den österreichischen Alpen geprägt und beeinflußt gewesen. So ist z.B. der zweite Satz der 2. Symphonie „Pro Defunctis“, komponiert von 1912-1922, den unbekannten Soldaten des ersten Weltkriegs gewidmet.[39] 1921 heiratete Weigl die Pianistin und Komponistin Valerie Pick, genannt Vally. Sie wurde 1899 in Wien geboren und studierte bei Richard Robert Klavier, bei Weigl selbst Komposition sowie Musikwissenschaften bei Guido Adler an der Wiener Universität, als auch im Nebenfach Philosophie und Psychologie.[40] Sie unterrichtete als Richard Roberts Assistentin an der Universität Wien im musikwissenschaftlichen Institut und privat in Wien und Salzburg. Sie blieb bis zu Karl Weigls Tod 1949 an seiner Seite. Karls und Vallys Sohn, Wolfgang Johannes, wurde im Jahr 1926 geboren.[41] Karl war Jude und ließ sich übrigens im gleichen Jahr protestantisch taufen[42] wie Arnold Schönberg! Schönberg äußerte später in einem Empfehlungsbrief über Weigl:

> „Ich habe Karl Weigl immer als einen der besten Komponisten dieser alten Generation betrachtet; einer derer, die die glanzvolle Wiener Tradition weiterführen. Er bewahrt zweifellos die alte Haltung jenes musikalischen Geistes, welcher einen der besten Teile der Wiener Kultur darstellt.“[43]

In den Zwanzigerjahren wurde Weigl zunehmend Anerkennung zuteil, so gewann er 1922 einen Preis des Mendelssohn Vereins in Philadelphia für sein Chorwerk „Hymne“ und 1924 den Kompositionspreis der Stadt Wien für seine Kantate „Weltfeier“, die von B. Schotts Söhne im gleichen Jahr verlegt wurde. Einige seiner Orchesterwerke wurden von den Wiener Philharmonikern uraufgeführt. Es folgten Aufführungen seines Klavierkonzertes durch Ignaz Friedmann, dem *Streichquartett Nr.5* durch das Busch Quartett und den *Fünf Lieder für Sopran und Streichquartett* durch Elisabeth Schumann und dem Rosé Quartett.

1918 begann Karl Weigl Musiktheorie am Wiener Konservatorium zu unterrichten und wurde 1928 zum ordentlichen Professor ernannt. 1929 wurde mit der Professur in Musikwissenschaften an der Universität Wien der Nachfolger Hans Gáls. Weigl zog eine große Anzahl an Studenten an, darunter auch viele amerikanische und englische Studenten, die er während der Sommerkurse in Salzburg unterrichtete. Namhafte Studenten waren unter anderem Ernst Bacon, Hanns Eis-

ler, Erich Wolfgang Korngold, Erich Zeisl, Kurt Adler, Frederic Waldman, Charles Rosen[44], Roman Totenberg, Alice Ehlers, Henriette Michelson und Daniel Sternberg.[45]
Nach dem „Anschluß" Österreichs 1938 verlor Weigl die Lehrämter aufgrund seiner jüdischen Abstammung und seiner sozialistischen Überzeugungen.[46] Karl und Vally planten zu emigrieren und kontaktierten Musiker außerhalb Europas, frühere amerikanische und englische Studenten sowie andere amerikanische Organisationen.[47] Durch die Bemühungen Ira Hirschmanns, Gründerin des „Friends of Music Orchestra" in New York, konnten Karl und Vally mit ihrem Sohn Wolfgang Johannes in die USA emigrieren. Die Familie Weigl erreichte New York City am 9. Oktober 1938 an Bord der *SS Statendam* zusammen mit anderen Emigranten, wie Kurt Adler und Emmanuel Feuermann. Maria, die Tochter Weigls aus erster Ehe, und ihr Mann Gerhart Piers erreichten die Vereinigten Staaten von Amerika erst im Jahre 1939.[48] Dies ist ein weiteres trauriges Beispiel, wie der deutschsprachige Raum selbst durch den Hitlerismus seine geistige und kulturelle Elite verlor, von der Polens ganz zu schweigen.

In den USA völlig unbekannt, hatten Karl und Vally, wie andere Emigranten auch, Schwierigkeiten eine Anstellung zu bekommen.[49] Diese Bemühungen gestalteten sich zudem durch die Umstände, die der II. Weltkrieg bereitete, zunehmend schwieriger. Karl arbeitete zunächst als wissenschaftlicher Mitarbeiter Carlton Sprague Smiths an der *New York Public Library.* Anschließend konnte er einige Lehrämter, wie von 1939-1944 bei dem *New York Philharmonic Training and Scholar Ship Program*, von 1941-1942 an der *Hartt School of Music*, von 1943-1945 am *Brooklin College*, von 1945-1948 am *New England Conservatory*, von 1946-1949 am *American Theater Wing* sowie von 1948-1949 an der *Philadelphia Musical Academy*, ausüben.[50] Die Vielzahl der Stellen, manchmal hat er mehrere Stellen gleichzeitig pro Jahr, zeigt einerseits, daß es sich nicht um Festanstellungen handelte und andererseits, daß mit diesen Stellen keine hohen Einkünfte zu erzielen waren. Es zeigt sich hier fast das gleiche Schicksal wie das Arnold Schönbergs, nur daß dieser noch vom Ruf eines „Modernisten" profitieren konnte. Weigl konnte dies nicht! Nach all den Segnungen und Errungenschaften eines arbeitsreichen Lebens in Österreich muß seine berufliche Situation zu jener Zeit bedrückend gewesen sein. Aber Karl Weigl hatte seine Frau Vally und beide gaben sich Liebe und dadurch die Kraft, gemeinsam die Widrigkeiten zu überstehen.

Seine Frau Vally unterrichtete zunächst privat, an einer Quäker-Schule in Pennsylvania und von 1939-1943 am *Institute for Avocational Music* und am *American Theater Wing* von 1947-1958.[51] Karl und Vally traten auch gemeinsam als Pianisten-Duo auf. Ihr Sohn, Wolfgang Johannes, änderte seinen Namen in John, besuchte die besagte Quäker-Schule und studierte später an der *Columbia University*, wo er seine Studien 1946 mit einem Ingenieurs-Diplom abschloß. Karl, Vally und John nahmen 1943 die amerikanische Staatsbürgerschaft an.[52]
In den USA komponierte Weigl weiter und produzierte Orchestermusik, Kammer-

musik, Lieder und Chorwerke. Während einige dieser Werke gespielt und veröffentlicht wurden, blieben die früheren Werke in den Vereinigten Staaten unaufgeführt, wie auch viele seiner späteren Werke – so die letzten beiden Symphonien und die letzten drei Streichquartette – zu seinen Lebzeiten nie uraufgeführt wurden.[53]

Obwohl sie in New York City lebten, verbrachten Karl und Vally gemeinsam die Sommer in der *MacDowell Colony* in Peterboro, New Hampshire, und sie machten viele Ausflüge, um ihre Kinder zu besuchen.[54] Die Tochter aus 1. Ehe, Maria Piers, lebte mit ihrem Mann Gerhart – einem Arzt – in Chicago. Karls und Vallys Sohn John heiratete 1946 Etta Ruth Hoskins und promovierte zum Ph.D. an der *University of California, Berkely.*

Karl Weigl starb am 11. August 1949 im Alter von 68 Jahren, zwei Jahre vor dem zwei Jahre älteren Schönberg. Nach seinem Tode widmete Vally ihre ganze Energie dem Andenken, der Verbreitung und Aufführung Weigls Musik. Ihre Liebe und Zuneigung für einander muß unermeßlich groß gewesen sein.

1966 konnte durch die Bemühungen von Vally, Ira Hirschmann, Frederic Waldmann, Kurt Adler und anderer Weigl-Studenten und -Kollegen der *Karl Weigl Memorial Fund* gegründet werden. Dieser unterstützt Aufführungen und Aufnahmen von Weigls Werken. Erwähnenswert ist hier eine Aufführung der *Symphonie Nr. 5*, „Apocalypse“ durch Leopold Stokowski und das *American Symphony Orchestra* in der *Carnegie Hall.*[55] Die Verwaltung der Stiftung wurde im Jahre 1979 in die *Indiana University* verlegt. Andere Stiftungen, die Aufführung und Aufnahme der Musik Weigl unterstützen sind an der *Baylor University*, der *Eastman School of Music* und dem *Aspen Music Festival* gegründet worden.[56] Vally Weigl bewahrte Karls Schriften, Musikmanuskripte und veröffentlichte diese als Hinterlassenschaft an John und Etta Ruth Weigl und als Spende an die *New York Public Library*, das *Moldenhauer Archive*, die *Fleischer Collection* sowie an die *Sibley Library of the Eastman School of Music.* [57]

Vally Weigl unterrichtete und komponierte weiter.[58] In den 50er Jahren begann sie sich für Musik-Therapie zu interessieren. Nachdem sie 1955 einen M.A. von der *Columbia University* bekam, arbeitete sie als *Chief Music Therapist*[59] am *New York Medical College.*[60] Sie unterrichtete an der *Cerebral Palsy School, Long Island* und leitete Forschungsprojekte am *Mt. Sinai Hospital* und am *Home for the Jewish Aged* in New York City. [61] 1964 wurde sie beigeordnete Aufsichtsratsvorsitzende des *Friend's Arts For World Unity Committee.*[62] Sie spendete Teile ihrer Manuskripte an das *Moldenhauer Archive* und an die *University of Wyoming*, und 1982 gründete sie den *Vally Weigl Performance and Recording Fund* am *College of Charleston, South Carolina.*[63] Vally Weigl starb am 25. Dezember 1982 in New York City. Ihr Sohn John Weigl, der als Forschungsmanager für die *Xerox Corporation* in Webster, New York, gearbeitet hatte, starb am 1. August 1982. Nach Vallys Tod wurde *The music of Karl Weigl (1881-1949): A Catalog*“, herausgegeben von Stephen Davison mit Unterstützung der Weigl-Familie und einem Stiftungsfond, gestiftet von Vally Weigl, veröffentlicht. Die Aufzeichnungen Karl

Weigls wurden von 1989 bis 1993 an die *Yale Music Library* von Etta Ruth und ihren Söhnen Karl und Andrew gespendet.[64] Das MGG schreibt zu Karl Weigls Musik:

> „Obzwar von Zeitgenossen wie R. Strauss, A. Schönberg, W. Furtwängler, P. Casals und B. Walter hochgeschätzt, ist Weigls Musik bisher wenig bekanntgeworden, wofür die Zeitwirren und der musikästhetische Umbruch die Hauptursachen bilden. Der Großteil seines sehr umfangreichen Werkes, einschließlich der letzten vier Symphonien und der meisten Streichquartette, blieb unaufgeführt. Im Boden der Wiener Tradition verwurzelt, von rein klassischem Geist getragen, entfaltet Weigls Musik durchaus persönlichen Charakter. Besonders in den langsamen Sätzen offenbaren sich die eigenständige Behandlung seiner Melodik und die Tiefe seiner musikalischen Empfindung. Als Musikerzieher übte Weigl starken und nachhaltigen Einfluß aus.“ [65]

Es mag einem fast so scheinen, als habe sich das künstlerische Schicksal Emanuel Aloys Försters in Karl Weigl wiederholt!

Im folgenden wird nun die Dissertation Weigls vorgestellt. Sie wurde unter Beibehaltung der alten Orthographie typographisch neu gesetzt. Um diese so authentisch wie möglich wiederzugeben, wird sie über die Endnoten kommentiert. Weigl hat die Fußnoten auf jeder neuen Seite bei 1 von neuem beginnen lassen, dieses Vorgehen wird zur besseren Unterscheidung zwischen Fuß- und Endnote beibehalten.

2.2 Karl Weigl, Emanuel Aloys Förster.

Emanuel Aloys Förster

von

Karl Weigl.

Wien.

2.2.1 Biographie.

Emanuel Aloys Förster (auch Forster) wurde am 26. Januar 1748 zu Niedersteine bei Glatz in preußisch Schlesien geboren[1].) Von Verwandten und Nachkommen Förster's ist in seinem Geburtsorte nichts bekannt; auch über seine Eltern ist nichts näheres zu erfahren, nur, daß sein Vater Verwalter in einer Wirtschaftskanzlei war.[2]) Förster komponierte schon in frühester Jugend mehrere Konzerte und viele Sonaten bloß nach seinem richtigen musikalischen Gehör. Erst später gelangte er zu einem theoretischen Werk von Phil. Em. Bach (»Versuch über die wahre Art das Klavier zu spielen«), welches er abschrieb. Nachdem er die lateinischen Schulen vollendet hatte, kam er zu seinem Vater in die Wirtschaftskanzlei, wo er einige Jahre blieb. Von dort wurde er in die preußische Armee berufen und machte die letzten zwei Jahre des siebenjährigen Krieges als Hoboist im Fouquet'schen Regiment mit. Nachdem er seinen Abschied erhalten hatte, begab er sich (ca. 1763) nach Mittewalde (Grafschaft Glatz in Schlesien), wo er bei dem damals berühmten Organisten Joh. Georg (auch Franz) Pausewang in vertrautem Umgange lebte und Unterricht genoß.

> Pausewang war ein Schüler Seeger's[66] in Prag, welchen er bisweilen vertreten haben soll. Sein Orgelspiel wird als majestätisch und ideenreich, seine Präludien als gewählt, durchdacht und immer neu gerühmt. In Handschriften wurden Messen und andre Kirchenmusik von ihm bekannt. Ein Lied (»Morgenlied eines Schulmeisters«) erschien im Druck. Außerdem verlegte Pausewang auch Sonaten und Variationen für das Klavier, und zwar (wie es in der Ankündigung der »Wiener Zeitung« (vom 11. Februar 1801 heißt) im Pleyel'schen Geschmack geschrieben.

---

[1] Nach seiner eigenen Angabe in den Akten der Tonkünstlersocietät. Jetzt im Archiv des Witwen- und Waisenvereines Haydn befindlich.

[2] Darüber und über das folgende, vergl. Gräfer und Czikann, österr. National Encyclopädie (Wien 1835, Fried. Beck), C. J. Hoffmann, die Tonkünstler Schlesiens (Breslau 1830, P. G. Aderholz), Cosmaly und Carlo (Schlesisches Tonkünstlerlexikon).

Pausewang arbeitete auch mit gründlichem Fleiß an einer Generalbaßschule[1]) mit auserlesenen Beispielen. In späteren Jahren beschäftigte er sich viel mit Kanonik und namentlich mit der gleichschwebenden Temperatur und der mathematischen Berechnung der Schwingungsverhältnisse; davon erschien aber nichts in der Öffentlichkeit. Pausewang's Geburts- und Todesjahr sind unbekannt.

Von diesem Manne also erhielt Förster als etwa 16 jähriger Jüngling seinen ersten geregelten Unterricht in Klavier und Theorie. Daß dieser kein einseitiger gewesen sein kann, ist durch die vielfachen Anlagen des Lehrers verbürgt. Wahrscheinlich hat Pausewang seinen Schüler schon damals mit der Wiener Kammermusik bekannt gemacht, gewiß aber lehrte er ihn Phil. Em. Bach kennen. Seine Art den Generalbaß zu lehren und seine Beispiele mögen Förster in Wien zum Unterricht Anregung geboten haben, vielleicht auch später bei Abfassung seiner Generalbaßschule.

Wie lange Förster in Mittewalde[67] blieb, ist unbekannt, ebenso wohin er sich von dort begab. Mehrere Umstände sprechen dafür, daß er sich einige Zeit in Prag aufgehalten hat[2]), u. zw. erstens, daß er noch lange in buchhändlerischer Verbindung mit Prag stand[3]), zweitens der Name seiner Frau, einer gebürtigen Rečzka[4]). Möglich ist es, daß Förster in Prag bei Verwandten Aufnahme fand und auf den Rat, oder sogar auf Empfehlung seines Lehrers bei Seeger seine musikalischen Studien fortsetzte. Aus dieser Zeit dürften seine ersten noch existierenden Kompositionen, die Sonaten für Klavier und Violine, seine Konzerte für Klavier, Hoboe und Violine und seine Symphonien stammen, von denen sich bezeichnender Weise in Wien nur ein Klavierkonzert befindet; sie kommen für seine späteren Arbeiten gar nicht in Betracht, da sie, ausgenommen etwa das Wiener Stück, ganz unreif und auf dem Standpunkte der vor Haydn'schen Kompositionen (in der Art der Mannheimer Meister) stehend minderwertig sind.

1776 zog Förster nach Wien[5]), wohin ihn gleich wie viele andre junge Musiker aus den Sudetenländern[68] die glänzenden materiellen Aussichten, ebenso wie das unvergleichliche musikalische Leben und Treiben[69] gelockt haben mögen. Hier erwarb er sich bald einen Ruf als guter Lehrer des Klavierspieles und der Theorie, und da er Violine und Viola in gleicher Weise beherrschte[6]), konnte es ihm auch an Einladungen zur Kammermusik nicht fehlen. Mozart, der sich 1781 in Wien endgiltig niederließ, schätzte Förster sehr und soll folgenden Ausspruch über ihn getan haben): »Die Wiener wissen gar nicht, was für eine Perle sie an Förster

[1]C. J. Hoffmann sagt: »Einer seiner Schüler hat diese, ohne den wahren Autor dankbar zu nennen, gemeinnütziger zu machen gesucht. «

[2]Gottfried Joh. Dlabačz, sein Zeitgenosse, sagt (»Allgemeines hist. Künstlerlexikon«), daß Förster in Prag studiert habe. – Dlabačz (von dem es wahrscheinlich Fétis übernommen hat), ist aber in allen übrigen Punkten betreffs Förster unzuverlässig; so verlegt er seinen Geburtsort nach Böhmen um das Jahr 1757.

[3]Vgl. op. 14, Fugen, Präludien und Generalbaßschule.

[4]Vgl. die Sperrsakte im landesgerichtlichen Archiv.

[5]Nach Gräfer und Czikann. In Wien ist darüber nichts zu erfahren.

[6]Aus einer kurzen Biographie Förster's in der Wiener allgem. Musikzeitung (Aug. Schmidt, Wien 1841, No. 122 Seite 493), gezeichnet A. Hackl; näheres darüber weiter unten.

haben.« Eine Frucht des persönlichen Verkehrs mit Mozart mag Förster's Arrangement von dessen Phantasie und Sonate C-moll für Streichtrio gewesen sein, die nur einmal handschriftlich erhalten ist.

In der Öffentlichkeit erscheint Förster's Name zum erstenmal im ersten Verlagsverzeichnis[1] der Wiener Komponisten und Verleger F. A. Hoffmeister, »Wollzeile 803 neben dem Schwibbogen«,welches in der Wiener Zeitung vom Januar 1884[70] erschien. Dort stehen neben andern Musikalien auch: »Förster, A. 8 Variationen Pianoforte 30X«. Dies sind die 8 Variationen über ein eigenes Thema (A-dur), welche in der Dresdner königl. Bibliothek liegen.

Da die Verlagsverzeichnisse der folgenden Jahre fehlen, die Wiener Zeitung aber in dieser Zeit Musikalienanzeigen nur sehr spärlich oder gar nicht enthält, ist auf diese Art nicht festzustellen, was in den nächsten Jahren von Förster erschienen ist. Wenn er überhaupt etwas veröffentlicht hat, dürften es nur Variationen, Rondos und andere Klavierstücke im Modegeschmack gewesen sein, deren Ertrag ihm zum Lebensunterhalt dienen mußte.

Förster's op. 1 erschien erst 1791, zugleich op. 2 wieder bei Hoffmeister; gleichzeitig auch 2 Rondos für Pianoforte. Ein paar Monate später ein Duett für Pianoforte und Flöte. Op. 3 und 4 fehlen merkwürdigerweise vollständig. Darauf folgt eine zweijährige Pause bis zum Erscheinen seines nächsten Opus.

Überhaupt scheint es Forster nicht so sehr um den Verlag zu tun gewesen zu sein, denn er erreichte trotz seines hohen Alters nur eine Zahl von 26 opera; abgesehen von den ohne Opuszahl erschienenen Kompositionen, die aber weniger in Betracht kommen, erscheint das als verschwindend wenig, wenn man damit die Zahl der Werke eines Pleyel, Koželuch, Hoffmeister und viele anderer Wiener Großen jener Zeit vergleicht, welche in den unglaublichsten Mengen Kammermusik veröffentlichten und über 100 opera aufzuweisen hatten. Teilweise mag dies wohl auf den größeren künstlerischen Ernst Förster's zurückzuführen sein, auf seine größere Gewissenhaftigkeit im Arbeiten, die ihn vor den Komponisten des Tages auszeichnete; gewiß hat er aber einiges (wie seine 12 Lieder, die Generalbaßlehre und andres) auf eigene Kosten stechen lassen oder doch selbst verkauft, und wie damals viele junge Komponisten fertige Kompositionen an einen bestimmten Kreis von Abnehmern und Gönnern in Handschrift zur Aufführung übergeben. Diese Vermutung wird durch eine spätere Kritik über seine Quartette op. 16 bestätigt. Auch das gruppenweise Auftreten seiner Werke in der Öffentlichkeit (6 Streichquartette, 6 Klavierquartette, 3 Quintette und mehrere Sonaten auf einmal) lassen darauf schließen, daß dieselben langst früher fertig waren.[71]

1792 schrieb Forster eine »Kantate zur Huldigungsfeier des Kaisers Franz als Erzherzog«, über deren Aufführung aber nichts bekannt ist. Um diese Zeit (ca. 1791) wurde er in das Haus des Fürsten Lichnowski eingeführt, der als Mäcen für die Geschichte der Wiener Musik von großer Bedeutung wurde. Dort spielten

[1]) Erhalten in Sonnleithner's »Collectanea«, Gesellschaft der Musikfreunde in Wien, Bd. XII. Der Tag ist nicht angegeben.

damals die vier jungen Künstler Schuppanzigh[72], Sina[73], Weiß, Linke[74], die später als das berühmte »Quartett Schuppanzigh«für die Wiener Kammermusik vorbildlich und vorbildend wirkten. Sina und Weiß, die im Quartett zweite Violine und Viola spielten, waren gleichfalls Schlesier und mögen ihren älteren Landsmann mit dem Fürsten bekannt gemacht haben. Auch Haydn verkehrte dort, und seine und Förster's Kompositionen wurden unter Anleitung der Komponisten gespielt, was zu dem Können der jungen Vereinigung sicherlich viel beigetragen hat[1]).

1794 erschienen Förster's erste Quartette als op. 7 bezeichnet im Verlag; sie sind dem König von Preußen gewidmet, welchem ja auch Haydn und Mozart, später Beethoven Kammermusikwerke gewidmet haben. Diese Quartette sowie Förster's altere Klaviersonaten erfuhren eine lobende Anerkennung in Schönfeld's »Jahrbuch für Wien und Prag«. Als Beethoven in den Jahren 1795/96 beim Fürsten Lichnowski wohnte und regelmäßig alle Freitag Morgen unter seiner Mitwirkung am Klavier Kammermusik gespielt wurde, kam Förster mit ihm zum ersten Male in Berührung[2]). Darüber erzählt Wegeler folgende Episode.

> »Dort brachte ihm einst ein Wiener Autor, Forster, ein Quartett, welches dieser noch am Morgen ins Reine geschrieben hatte. Im zweiten Theile des Stückes kam das Violoncello heraus; Beethoven stand auf und sang seine Partie immer fortspielend die Baßbegleitung vor. Als ich ihm hierüber als über einen Beweis ausgezeichneter Kenntnisse sprach, erwiderte er lächelnd: »So mußte die Baßstimme sein, sonst hätte ja der Autor keine Komposition verstanden.«Auf eine andere Bemerkung, er habe ja das nie gesehene Presto so schnell gespielt, daß es schlechterdings unmöglich gewesen, die einzelnen Noten zu sehen, erwiderte er: »Und das ist auch keineswegs notwendig; wenn du schnell liesest, so mögen eine Menge Druckfehler vorkommen, du siehst und achtest sie nicht, wenn nur die Sprache dir bekannt ist.«

Es war dies eines von den drei Klavierquartetten in *Es*, *B*, *A*, die noch im Februar 1795 bei Eder erschienen sind. Die Führung der Violoncellostimme dürfte übrigens nicht schwer zu erraten gewesen sein, da Förster, wenn nicht die Streichergruppe allein spielt, meist nur den Baß des Klavieres mit dem Violoncello verdoppelt, was gerade die Schwäche dieser Quartette ist. Zur Verwunderung gibt nur die lobende Bemerkung Beethoven's Anlaß, der es doch selbst anders gemacht hat.

Zwischen Förster und dem bedeutend jüngeren Beethoven entspann sich in der Folge ein herzlicher Verkehr. Beethoven pflegte jenen in späteren Jahren seinen »alten Lehrer«zu nennen und empfahl ihm wiederholt Schüler, an denen ihm gelegen sein mußte. Daß Beethoven damals und später, als er an seinen ersten Quartetten arbeitete, also bis Ende 1799, bei Förster regelrechten Unterricht genommen hat, ist durch den Ausdruck »Lehrer« noch nicht bewiesen[3]); wohl aber dürfte Beethoven beim Einstudieren seiner und der Förster'schen Kammermusik durch praktische Winke in Formen und Satzkunst von ihm gelernt haben.

---

[1] Vgl. Thayer, Bd. II.

[2] F. Wegeler und Ferd. Ries. Biographische Notizen über L. v. Beethoven.

[3] Thayer behauptet dies, ohne einen bestimmten Beweis dafür anzuführen II, S. 116). Riemann (Geschichte der Musik seit Beethoven, S. 65) ist ebenfalls gegenteiliger Ansicht.

1795 erschien bei Träg Förster's Notturno in *D* für Streicher und Bläser, auch für zwei Klaviere gesetzt. Wie die Bemerkung auf der Rückseite des Manuskriptes besagt, wurde es am 2. März 1800 nachmittags in einer Akademie aufgeführt, – um dieselbe Zeit also, wie Beethoven's berühmtes Septett entstand. – Über dieses Notturno erfolgte die erste kurze, lobende Besprechung in der »Leipziger allgemeinen Musikzeitung.« Nach den Worten dieser Kritik scheinen die bis dahin erschienenen Kammermusikwerke Förster's in Wien sehr beliebt gewesen zu sein.

1796 machte Forster einen Versuch, in die »Wiener Tonkünstlersozietät« aufgenommen zu werden[1]). Da dieser Verein (von Florian Gassmann[75] 1771 gegründet) die Versorgung der Witwen und Waisen seiner Mitglieder zur Aufgabe hatte, ist daraus zu schließen, daß Förster schon damals verheiratet war; wahrscheinlich war dies schon während seines Aufenthaltes in Böhmen geschehen. Förster wurde von der Sozietät zweimal aus formellen Gründen abgewiesen, welche die Engherzigkeit dieses Vereines in der Aufnahme von Mitgliedern in das rechte Licht stellen. Erst 1797 erhielt er die angestrebte Mitgliedschaft. Übrigens hatte er mit der Tonkünstlersozietät nichts mehr zu tun, und nahm an ihren jährlichen Aufführungen weder aktiv noch passiv Anteil. Einmal, 1803, wurde er als Assessor in den Ausschuß gewählt.

Außer den Streichquartetten erschienen (1795) seine »12 neuen deutschen Lieder auf seine eigene Kosten gestochen« bei J. Träg und Eder. 1796 erschien sein Sextett bei J. Träg und die Sonaten op. 12, 13, 14 und 15 bei verschiedenen Verlegern, darunter Artaria, der schon das Klavierquartett op. 10 verlegt hatte. Das Jahr 1797 brachte nur Variationen für Klavier. 1798 erschienen seine Quartette op. 16 bei Artaria, die eine Kritik zur Folge hatten, wie sie für gewöhnlich nur einem Genie zu Teil zu werden pflegt.

Die Leipziger »Allgemeine musikalische Zeitung« schreibt am 6. März 1799 darüber:

> »Herr Förster muß ohne Zweifel sein eigenes Publicum haben, welches seine Quartette abnimmt und daran Gefallen findet, denn sie contrastieren mit Pleyel's, Fränzel's und anderer Quartetten zu sehr, um bei den Liebhabern dieser in betreff des Geschmackes, Zuschnittes und der Ausführungsart Gefallen finden zu können; zwar mangelt es im einzelnen nicht ganz an Stellen, welche den Schein des Gefälligen an sich haben; im ganzen aber sind die Gedanken meist bizarr, sie mögen nun aus einem eigenen unwillkürlichen Humor geflossen oder absichtlich so gesucht worden sein. – An seiner Ausührungsart nimmt man wahr, daß er meist einen und denselben Satz zu lang und zu künstlich und auf eine ermüdende Weise verfolgt, ohne einen anderen Zwischensatz einzumischen, wodurch Mannigfaltigkeit und Abwechslung erzweckt werden konnte. . . . . . Diese Quatuors werden mehr Sensation durch das Bizarre, Humoristische und Gesuchte in der Ausführung als durch das Ungezwungene erregen, und daher nur von denjenigen, welche mit dem Componisten hierin sympathisieren, Beifall erhalten.«

Diese Kritik ist wohl charakteristisch, nicht nur für die Bedeutung der Förster'schen Quartette in seinem Entwicklungsgange, sondern für den Geschmack der großen

[1]Vgl. darüber die Festschrift zum 100jährigen Bestande von C. F. Pohl.

Menge, der damals durch Modekomponisten (wie die genannten Pleyel, Fränzel, Koželuch, Vanhal und viele andere desgleichen) auf das ärgste verdorben war. Offenbar hatte auch der Einfluß der italienischen Oper das seinige dazu getan, daß die Fähigkeit, Polyphonie als ein Ausdrucksmittel der Musik zu erfassen, sehr gesunken war. »Künstlich aber nicht gefällig«, war das Schlagwort, das man in den Kritiken Beethoven's und jedes andern ernsthaften Instrumentalkomponisten jener Zeit immer und immer findet, der sich bemüht, der Polyphonie zu ihrem Rechte zu verhelfen, und es verschmäht, dem Geschmack der Zeit Zugeständnisse zu machen. Gerade das, was die Quartette wertvoll macht, der künstlerische Satz, die harmonischen Freiheiten und endlich »daß Förster ein und denselben Satz zu lang und zu künstlerisch verfolgt«, kurz die thematische Arbeit, hat dem Rezensenten am meisten mißfallen; jedenfalls hat er – und das schärfer als ein modernes Auge es kann – gesehen, daß in den Quartetten allerlei neues versucht war, was nicht mit der Produktion des großen Musikmarktes in Zusammenhang zu bringen war. Man erinnert sich des derben Ausdruckes, den Beethoven später über die »Leipziger« gebrauchte[1]).

1798 soll Förster dem berühmten Salzburger Wölffl[76] – bekannt durch sein Wettspiel mit Beethoven – in der Kammermusik Unterricht erteilt haben, was aber nicht sicher festzustellen ist[2]).

Förster's gesellschaftliche Stellung war damals eine glänzende. Darüber berichtet sein ältester Sohn, gleichfalls Emanuel mit Namen, den W. W. Thayer noch persönlich gesprochen hat.

> Emanuel Förster jun. wurde 1797 in Wien geboren und nahm bei seinem Vater Unterricht im Klavierspiel. 1802, als Beethoven in demselben Hause wie Forster wohnte[3]) (Petersplatz Nr. 576), gab ersterer dem jungen Emanuel Klavierstunden. Der Unterricht wurde abgebrochen und erst 1804 wieder aufgenommen[4]). Emanuel Förster brachte es soweit, daß er seinen Vater im Unterricht substituieren konnte. 1815 ging er zum Militär und verließ den Dienst erst 1827. Dann bekleidete er bis zu seinem Tode, der in hohem Alter erfolgte, eine Kassiererstelle in Triest.

In dieser Stellung lernte ihn Thayer kennen, der darüber folgendes berichtet[5]):

> »Förster erinnert sich Beethoven's vollkommen genau, und hat ihn von seiner frühesten Kindheit bis zu seinem Eintritt in den Militärdienst als Kadett häufig gesehen«[6]).

Daß Beethoven, nachdem sich Albrechtsberger zurückgezogen hatte, Förster für den ersten Lehrer des Kontrapunktes hielt, wird durch die Mitteilung des Sohnes völlig bestätigt. Förster's Haus (er wohnte damals Weihburggasse Nr. 993,

[1]Nach Thayer's »Beethoven«, Bd. II, nannte er sie, »Leipziger Ochsen«.
[2]Vgl. Riemann »Geschichte der Musik seit Beethoven«, S. 113.
S. d. I. M. VI.
[3]Vgl. Thayer, Bd. II, S. 258.
[4]Vgl. Thayer, Bd. II, S. 199.
[5]Beethoven, Bd. II, S. 116ff.
[6]Thayer sagt bis 1813.

II, Stock, Thür 5, also im Zentrum der Stadt) war in jenen Jahren ein beliebter Versammlungsort der tüchtigsten Komponisten und Dilettanten. Dorthin kamen Beethoven, Zmeskall[1]), »ein etwas steifer Herr«, Schuppanzigh, »ein kleiner beleibter Herr mit einem dicken Bauch«, Weiß[2]), »lang und hager«, Linke[3]), »der lahme Violoncellist«, Heinrich Eppinger, »der jüdische Dilettant auf der Violine«, der junge Mayseder[4]) (Schüler von Schuppanzigh). I. N. Hummel und andere, auf deren Namen sich Forster nicht mehr besinnen kann. Diese Quartettzusammenkünfte fanden regelmäßig Sonntag Vormittag und Donnerstag Abend statt.

Beethoven aber brachte in jenen Jahren häufig noch andere Abende bei Förster zu, und die Unterhaltung wandte sich gewöhnlich auf musikalische Theorie und Komposition. Trotz des großen Altersunterschieds (22 Jahre)[5]) war ihre Freundschaft eine herzliche und aufrichtige; der Ältere schätzte und achtete nicht nur das Talent des Jüngeren, sondern achtete ihn auch als Menschen und sprach von ihm nicht bloß als einem großen Komponisten, sondern auch als einem trotz seiner rauhen und unfreundlichen, selbst rohen Manieren ehrenwerten und edlen Charakter. Zu alldem kommt die Tatsache, daß in späteren Jahren Beethoven Förster als »seinen alten Lehrer« Schülern empfahl.

Übrigens scheint Förster die späteren Kompositionen Beethoven's kühler beurteilt zu haben.

Die beste Zeit als Komponist hatte Förster von ca. 1800 an; in den nächsten Jahren mehrt sich rasch die Zahl seiner Verlage. 1801 erschienen die Trios op. 18, das Quintett op. 19, und ein »Gesang auf den Frieden« bei Träg.

Natürlich hat Förster wie die meisten seiner Zeitgenossen – Beethoven nicht ausgenommen – großen materiellen Schaden durch die vielen widerrechtlichen Nachdrucke seiner Werke gelitten; namentlich von auswärtigen Verlagen dürfte dieser unehrliche Handel im großen Maßstabe betrieben worden sein. Der Komponist selbst beklagt sich über einen derartigen Fall in der Vorrede zur zweiten Auflage seiner Generalbaßschule (1823) auf das Bitterste:

> »Daß dieses Werkchen schon zweimal im Ausland aufgelegt worden, kann mir nur zur Ehre, dem unbefugten Verleger aber nur zur Schande gereichen, indem er sich durch Zueignung fremden Eigentums schon als Sünder gegen den Decalog, der durch Jahrtausende schon besteht und bestehen muß, und alle jene, die dieses fremde Eigentum absetzen, als Hehler und Stehler brandmarkt.«

Eine Erklärung, die von der wahrhaft kindlichen Gutmütigkeit dieses Mannes ein deutliches Zeugnis ablegt. Förster hätte ohne diese Mißstände bei der großen Verbreitung seiner Kompositionen als wohlhabender Mann sterben müssen; dies war aber ganz und gar nicht der Fall.

---

[1]Zmeskall von Domanowetz, der bisweilen im Schuppanzigh-Quartett als Violoncellist mitwirkte.

[2]Weiß wurde später auch als Komponist bekannt.

[3]Beide vom Quartett Schuppanzigh.

[4]Der nachmals berühmte Geiger. – Näheres über ihn bei Hanslick (Geschichte des Konzertwesens in Wien).

[5]Thayer sagt irrtümlich 16 Jahre.

1802 folgten: op. 20 (Streichquintett bei Träg), op. 21 (6 Streichquartette bei dem neu gegründeten Kunst- und Industriekomptoir am Kohlmarkt), op. 22 (Klaviersonate), op. 23 (Vierhändige Klaviersonate). Über diese seine letzten veröffentlichten Quartette erfolgte wieder eine Besprechung in der »Leipziger Allgemeinen Musikalischen Zeitung«. – Sie sagt im wesentlichen dasselbe wie jene über op. 16, nur ist sie weit eingehender, sachlicher und im Tone respektvoller. Kühnheit in der Modulation, Konsequenz in der thematischen Arbeit werden dem Komponisten hier wie dort zum Vorwurfe gemacht. Es ist erstaunlich, daß solche Worte noch zwei Jahre nach dem Erscheinen der Beethoven-Quartette op. 18 geschrieben werden konnten, die doch gerade in den so viel besprochenen Punkten weit energischer und schroffer waren. 1803 folgten die letzten opera: op. 24 (vierhändige Klaviersonate), op. 25 (Phantasie und Sonate), op. 26 (Streichquintett), op. 26 (auch 6 Sonatinen). Alles im Kunst- und Industriekomptoir.

Über die Sonaten op. 24 und 25 und das Quintett op. 26 erschienen wieder Besprechungen im gewohnten Stil.

Neben diesen 26 opera erschien eine Reihe von Variationenzyklen, Flötenduos, Rondos und andere kleine Stücke. Die letzte kompositorische Veröffentlichung Förster's war ein Beitrag zu Tranquillo Mollo's Sammelwerk »In questa tomba« (1808), zu welchem auch er einen Beitrag leistete, der in formeller und Stimmbehandlung zu den besten des ganzen Bandes gehört.

Mit dem Jahre 1804 verschwindet der Name Förster's aus den musikalischen Registern der Verlage, um nur noch einmal aufzutauchen. Das geschah 1805, als er seine »Anleitung zum Generalbaß« auf Beethoven's Rat in Druck gab[1]).

Dieses Werk hatte beim Publikum den größten Erfolg und erschien noch im selben Jahre bei Breitkopf & Härtel und Artaria. In der »Leipziger Allgemeinen Musikalischen Zeitung« steht eine begeisterte Besprechung darüber[2]). Schon 1806 ist das Werk aufs neue aufgelegt und wird in einer ungewöhnlich langen Ankündigung dem Publikum empfohlen. Die Schnelligkeit, mit der es sich verbreitet, und die große Anzahl der noch vorhandenen Exemplare[3]) lassen darauf schließen, daß es unter den zahlreichen damals erschienenen Lehrbüchern für Harmonielehre (Albrechtsberger, Kauer usw.) das brauchbarste gewesen sein muß. Für die Gegenwart ist es von Interesse, weil darin zuerst eine klare Zusammenfassung der harmonischen Ergebnisse aus der Periode Haydn, Mozart und des ersten Beethoven gegeben ist, über welche die heutige Theorie ja nicht um vieles hinausgekommen ist.[77] Daß Förster die Theorie seiner Zeit und auch die ältere wohl gekannt hat, zeigt die häufige Anführung derselben (Rameau, Knecht, Abé Vogler).

Im **ersten Kapitel** bespricht Förster Tonleitern, Intervalle und Bewegungen; bei ersteren werden die enharmonischen Verhältnisse und die Verwandtschaftsgrade

---

[1]Vgl. Thayer, II. Bd., S. 112.

[2]Wien, 15./10. 1806

[3]In Wien allein ist es mehrmals vorhanden: Gesellschaft der Musikfreunde (2 Exemplare), Hofbibliothek, Stadtbibliothek, musikhistorisches Institut der Universität. – In vielen andern Bibliotheken, wie in Prag, Lemberg, Raudnitz, etc. ebenfalls.

erklärt. – Bei den Molltonleitern erinnert er nachdrücklich an die »empfindsame Note« (Septime) und warnt vor ihrer Verdopplung. – Bezüglich der Quintenparallelen steht er auf modernem Standpunkt und verbietet sie im allgemeinen, verläßt sich aber weniger auf die Regel als auf das feine Ohr des Schülers. Hauptsächlich gilt dies von den heimlichen (verdeckten) Quinten und Oktaven.

Das **zweite Kapitel** handelt von den Dreiklängen, ihren Lagen, Umkehrungen und Verbindungen.

Das **dritte Kapitel** ist das wichtigste; es enthält die Besprechung des zweiten Stamm-Akkordes (Septimen-Akkordes) und seiner abgeleiteten. Die Septimen-Akkorde teilt er in vier Klassen, die nach ihrer Verwendung bei der Modulation abgetrennt sind: 1) Die Klasse der charakteristischen Akkorde (Haupt-Septimen-Akkorde). 2) Die Klasse der enharmonischen Akkorde (verminderter Septimen-Akkord)[1]). 3) Die Klasse der zweideutigen Akkorde (Nonen-Akkorde ohne Grundton). 4) Die Klasse aller übrigen Akkorde (Neben-Septimen-Akkorde).

Als Hilfsmittel für die Modulation gibt nun Förster an: für Gruppe 1: daß ein charakteristischer Akkord sich in einen andern charakteristischen Akkord auflöst (§56); – für Gruppe 2: daß jeder der drei möglichen Akkorde zu vier Tonarten bezogen werden kann (§66); daß jeder der drei Akkorde durch chromatische Veränderung eines Tones zu einem Hauptseptimen-Akkord werden kann, was bei jedem Akkord viermal möglich ist (§68). Allerdings fügt Förster vorsichtig hinzu: »Dies ist aber nur bei Phantasien zu gebrauchen und bei solchen Fällen, wo es gleichgiltig ist, in welche Tonart man immer komme«[2]).

Nebenbei wird auch die Modulation mit Hilfe der Auffassung jedes dur-Dreiklanges als fünfte Stufe eines moll-Dreiklanges (§67) gelehrt. – Die 3. und 4. Gruppe werden nur vom Standpunkte des Generalbaßspielers aus betrachtet (Bezifferung, Vorbereitung und Auflösung etc.).

Das **vierte Kapitel** handelt von schweren und undeutlichen Bezifferungen. Hier (§77) findet sich der merkwürdige Satz: »Vielleicht kommt die Zeit, wo man auch dem Organisten in der Kirche durch Noten und nicht durch unzulängliche Ziffern vorschreiben wird, was er zu spielen hat. Wie schon konnte dessen Begleitung vom Komponisten manchmal eingerichtet werden, statt daß man sie jetzt sehr oft elend und steif findet.«

Zum Schlusse gibt der Verfasser noch einige Erklärungen technischer Ausdrücke.

Wie man sieht, ist das Buch durchaus vom Standpunkte des Praktikers aus verfaßt, der lange theoretische Auseinandersetzungen vermeidet, und statt derselben lieber das Beispiel gibt. Bezeichnend für die ganze Haltung des Buches ist der Umstand, daß harmonisch kompliziertere Fälle meist an der Hand Beethoven'scher Beispiele erörtert werden. Seine Modulations-Theorie ist einfach und läßt dem Talente des Schülers die weitesten Grenzen. Die Handgriffe, die er angibt, sind im wesentlichen dieselben, wie sie die modernen Harmonie-Lehrbücher geben.

Wie schon erwähnt, hatte das Werk noch bei Lebzeiten Förster's zwei widerrechtliche Auflagen im Auslande, außerdem wurden von andern Lehrern Teile daraus abgeschrieben und als ihr Eigentum ausgegeben[3]).

[1] Als Erkennungszeichen dieser Akkorde wird angegeben (§60), daß jeder Akkordton vom nächsten um vier Tasten entfernt sei, was wohl für Dilettanten berechnet ist.

[2] Überhaupt macht Förster oft den Unterschied zwischen »galantem und strengem Stil.«

[3] Anton Hackl a. a. 0. und Förster in der Vorrede zur 2. Auflage.

In Wien wurde die Generalbaß-Lehre 1823 bei Artaria zum zweitenmal verlegt; diesmal vervollständigt durch drei Bände Beispiele. Diese wurden, wie Förster in der Vorrede sagt, »nach oftmals geäußertem Wunsche« veröffentlicht. Sie erhielten sich lange in der Gunst des Publikums und wurden noch vor 15 Jahren gekauft[1]).

Kurze Zeit nach dem ersten Erscheinen dieses Buches (1805) wandte sich Graf A. K. Rasoumofsky[2]) an Beethoven um Unterricht in der musikalischen Theorie, speziell in der Quartett-Komposition. Beethoven lehnte ab, empfahl aber dringend seinen Freund Förster, der infolgedessen dafür gewonnen wurde. Emanuel Förster, der Sohn, erinnerte sich, daß des Grafen Wagen zwei- oder dreimal in der Woche zu geeigneten Stunden kam, um dessen Vater in das Schloß in der Landstraßenvorstadt abzuholen; man hatte die Abendstunden ausgewählt. Frau Förster benutzte häufig den Wagen mit und besuchte dann ihre Freundin Frau Weiß, die Gattin des Viola-Spielers, während ihre Männer bei Rasoumofsky beschäftigt waren.

Ein zweiter Schüler, den Beethoven zu Förster schickte, war Prof. Charles Neate[3]), geboren zu London 1784, der zuerst bei Guill. Sharp in London, dann bei Field, endlich bei Winter und Wolffl studiert hatte und dann nach Wien kam, um bei Beethoven seine Ausbildung zu vollenden; dieser lehnte, wie gewöhnlich, rundweg ab, gab ihm aber einen Empfehlungsbrief an Förster, der den Unterricht übernahm. Neate, der bald nach 1815 Wien verließ, hat es trotz alledem nur bis Op. 2 gebracht. Zu Försters besten Schülern gehören ohne Zweifel seine beiden Kinder Eleonore und Josef.

Eleonore Förster wurde 1799 geboren[4])[78], studierte bei ihrem Vater Klavier und Komposition, gab 1823 (nach ihrer Hochzeit mit dem Hofsekretär P. P. von Contin) bei Artaria »Variationen für das Pianoforte über ein russisches Thema mit Begleitung von zwei Violinen, Viola und Violoncello« heraus. Sie begab sich 1823 nach Venedig. Eleonore Förster gab zuerst am 8. Dezember 1816 eine musikalische Akademie im kleinen Redoutensaal, die von der »Leipziger allgemeinen musikalischen Zeitung« günstig besprochen wurde.

Josef Förster war 1803 geboren und galt ebenfalls als guter Komponist, Violoncellist und Klavierspieler[5]). Davon zeugen auch seine glänzenden und schweren »Variationen über ein Thema von Rovelli«.

Bald darauf versuchte es Förster selbst, als Komponist und Quartett-Spieler vor das Publikum zu treten, und kündete nach dem Vorgange des Schuppanzigh-

[1]Nach einer mündlichen Mitteilung des gegenwärtigen Chefs der Firma A. Artaria.
[2]Vgl. Thayer, Bd. II, Seite 112.
[3]Thayer III. S. 342, Grove's Lexikon.
[4]Eleonore's und Josef's Geburtsdaten nach der Sperrsache.
[5]Nach Hackl's biographischer Skizze.

Quartetts[1]) einige Soireen gegen Eintritt an; in der »Wiener Zeitung« steht am 12. Februar 1817 die

> »Einladung zu einer musikalischen Unterhaltung, welche Unterzeichneter im »Hotel zum römischen Kaiser« auf der freyung – – – durch 6 Donnerstage in den fasten, nämlich am 20. und 27. Feber, dann am 6., 13, 20. und 27. März zu geben die Ehre haben wird. Bei jeder Musik werden zwei von seinen noch nicht gestochenen Quartetten gebracht werden, zwischen welchen seine Tochter Eleonore jedesmal ein Stück auf dem Pianoforte spielen wird.«
>
> E. A. Förster, Compositeur.

Durch diese öffentlichen Quartettproduktionen, die ja damals noch Ausnahme waren, spielt Förster in der Geschichte des Wiener Konzert-Lebens [2]) eine gewisse Rolle. Der Erfolg war kein guter, wenn man nach der Besprechung des ersten Musikabends auf die allgemeine Stimmung schließen darf. Über die beiden Förster'schen Quartette schreibt die »Allgemeine musikalische Zeitung mit besonderer Rücksicht auf den österr. Kaiserstaat« am 27. Febr. 1817:

> »– – – – – In beiden Quartetten sind sorgfältig alle schwer auszuführenden Passagen vermieden, und Liebhaber, welche sich mit einer ruhigen Aussicht im Tale begnügen und nicht erst einer imponierenden Aussicht wegen steile Felsen mühsam zu erklettern gewohnt sind, werden darin einen heitern Genuß finden.«

Diese nachsichtig lobende Rezension zeigt verglichen mit den früheren wohl am besten, daß Förster's Zeit damals längst vorüber war. Er wiederholte diese Quartett-Abende, die ihm auch keinen materiellen Erfolg gebracht hatten, nicht mehr, sondern zog sich ganz zurück und lebte nur mehr dem Unterrichte.

Eleonore Förster spielte noch bis zum Jahre 1821 einige Male öffentlich mit gutem künstlerischen und schlechtem materiellen Erfolge, dann verschwindet auch ihr Name aus dem Wiener Konzert-Leben. Von Förster's übrigen Schülern ist der wichtigste Anton Hackl, der über seinen Lehrer in Bezug auf sein künstlerisches Wirken, sein Familienleben usw. im Zusammenhang berichtet[3]).

> Anton Hackl[4]) ist am 11. April 1799 zu Wien geboren. Er war ursprünglich für die wissenschaftliche Laufbahn bestimmt, trieb nebenbei Musik, zu der er vom Vater angeregt seit frühester Kindheit Lust und Liebe zeigte. E. A. Förster und dessen ältester Sohn unterrichteten ihn im Klavierspielen und legten zu seiner musikalischen Ausbildung den ersten Grund. Nach einer mehrjährigen Pause studierte er zuerst bei Freistätter Generalbaß, Klavierspiel und Gesang und suchte dann Förster wieder auf. Er erzählt:

[1]Vgl. Reichardt, »Vertraute Briefe«. (1808.)

[2]Vgl. Hanslick, Geschichte des Konzertwesens in Wien, der im übrigen falsche Daten angibt.

[3]»Allgemeine Wiener Musik-Zeitung.« A. Schmidt, Nr. 122, Seite 493.

[4]Über Hackl nach F. X. Weigl. »Erinnerungen an A. Hackl« (Wien 1847) und »Wiener Allgemeine Musik-Zeitung«(Schmidt, 6. Jahrgang, No. 91, Biog. Skizze von E. Rosé). Hanslick, »Geschichte des Konzertwesens« (Seite 856) erwähnt ihn kurz.

»Nachdem mir Freistätter keinen Unterricht mehr erteilte, wandte ich mich an meinen ersten Meister im Klavierspiel, den unvergeßlichen E. A. Förster, damals schon ein Greis mit 80 Jahren[1]). Als Freund meines verstorbenen Vaters ließ er sich mit Bereitwilligkeit herbei, mir gegen geringes Honorar in der Harmonie und Komposition Unterricht zu geben. Förster's Methode im Unterricht bleibt sicher jedem seiner zahlreichen Schüler unvergeßlich. Ohne Schwulst und Wortkram, ohne jede Pedanterie, ohne mühsames Einlernen von Regeln und Abstraktionen wußte er auf die einfachste und faßlichste Art seine Schüler zu dem Ziele zu leiten. Von den Schülern, die bei Förster gleichzeitig mit mir Unterricht nahmen, kann ich mich nur des rühmlich bekannten nunmehrigen Regenschori Pichler und des Klaviervirtuosen von Szalay erinnern; besonders den ersteren erwähnte er oft auf eine belobende Weise. Ich versäumte durch $1^1/_2$ Jahre keine Unterrichtsstunde bei ihm und dachte mich nach dieser Zeit noch weit vom Ziele entfernt, als mir Förster eines Abends zu meiner größten Überraschung die unvergeßlichen Worte sagte: »Es freut mich herzlich, zu Ihrer Bildung etwas beigetragen zu haben. Benützen Sie das, was Sie wissen, bleiben Sie mein Freund, ich kann Ihnen nun nichts weiteres mehr lehren, dechiffrieren Sie fleißig gute Partituren und besuchen Sie mich recht oft.«

Noch bei Lebzeiten Förster's gab Hackl einige Arrangements heraus, auch Polonaisen und andere Tanzstücke; 1822 ein Requiem und eine Landmesse, auch Vokal-Quartette. Bekannter wurden seine Lieder (»Nächtliche Heerschau« 1828 u. a.). Er erreichte die Zahl von 93 Opera, war seit 1839 schwer krank und starb 1846.

Von den bei Hackl erwähnten Schülern ist der erste, Pichler, ganz verschollen. Der zweite, J. von Szalay, war ein Klavierschüler Hummel's und spielte schon als neunjähriger Knabe öffentlich.

Von Unterrichtswerken Förster's aus dieser Zeit gibt es 30 Fughetten und vier Fugen für Orgel oder Klavier, Präludien für Pianoforte und eine einzelne Fuge (Op. Post.) Die drei ersteren tragen die ausdrückliche Bemerkung: »Als Fortsetzung der praktischen Beispiele zu seiner Anleitung der Generalbaßlehre«.

Bis in sein letztes Lebensjahr mußte Förster Unterricht geben und noch 1823 läßt er (am 14. August) im »Intelligenz-Blatt«, der »Wiener Zeitung« eine darauf bezügliche Anzeige erscheinen. Das in dieser angegebene Haus des Komponisten (Kienmarkt 459) ist heute eine der höheren Nummern der Herrengasse im ersten Bezirke; es sollte Förster's Sterbehaus werden.

Über Försters Persönlichkeit, sein Verhältnis zur Familie und zeitgenössischen Künstlern erzählt Hackl:

»Förster war ein höchst liebenswürdiger, bescheidener, sanfter, stiller, bedächtiger Mann. Ein wahrer Menschenfreund im vollen Sinne des Wortes, der sich allgemeiner Liebe und Achtung erfreute. Er fand sein höchstes Glück im Kreise seiner zahlreichen Familie. Zwei seiner Kinder zeichneten sich vorzüglich in der Musik aus, namentlich die ältere Tochter Eleonore als vorzügliche Klavierspielerin, welche sich oft öffentlich mit entschiedenem Beifall hören ließ, und der jüngere Sohn Josef als Cellist und gründlicher Musiker.

[1]Ist natürlich ein Irrtum.

Gegen Mozart hegte Förster große Verehrung, ebenso gegen Joseph Haydn, besonders aber gegen Cherubini. Auch dem Talente Rossini's ließ er volle Gerechtigkeit widerfahren. Bemerkenswert ist es, daß auch er, sowie Freystätter, kein unbedingter Verehrer und Enthusiast Beethoven's war. Die ersten Kompositionen dieses großen Meisters schätzte er höher, als die aus der späteren Epoche. Der verstorbene ausgezeichnete Violinspieler Schuppanzigh äußerte sich einst nach dem Vortrage eines Beethoven'schen Quartetts, daß man dieses Werk erst nach tausend Jahren verstehen werde. »Sonderbar«, entgegnete ihm Förster, »nur Sie verstehen es jetzt schon«.

1823 vermehrten sich die Gebrechlichkeiten seines hohen Alters auf beunruhigende Weise und machten nach einem kurzen Krankenlager seinem Leben ein Ende. Auf dem Sterbebette von Phantasien befangen, sagte er noch mit schwacher Stimme: »Hackl! nicht immer in A bleiben«!«

Förster's Tod erfolgte am 12. November 1823 im genannten Hause. Als Todesursache wird Lungenlähmung angegeben[1]). Er starb so arm, daß an seine Wohnung die behördlichen Siegel angelegt wurden. Trotzdem hinterließ Förster keine Schulden, was in der Sperrsakte behördlich bestätigt wird. Außer seiner Witwe überlebten ihn fünf Kinder[2]): die schon erwähnte Eleonore von Contin und Josef Förster, außerdem Michaelina Robelly »Musik Direktors in Bergamo nächst Mailand Gattin, 22 Jahre alt« und Constanzia Förster (»ledig, 20 Jahre alt«), von denen die beiden letzteren 1823 in Wien waren; sonst waren damals keine Verwandten bekannt.

Förster starb in völliger Vergessenheit. Erst 1841 hielt ihm sein Schüler Hackl einen ehrenden Nachruf. Förster's Bild ist im Sitzungssaale der Gesellschaft der Musikfreunde in Wien zu sehen. Seine Witwe starb am 30. Mai 1852.

2.2.2 Klaviermusik.

Von Klaviermusik hat Förster Variationen, Rondos und Sonaten zu zwei und vier Händen geschrieben. Das unbedeutendste davon sind die Variationen, da sie weder mit ihrem Vorbilde, noch untereinander verglichen, einen Fortschritt zeigen. Hat man einen Variationenzyklus gesehen, so kennt man alle charakteristischen Merkmale dieser Kompositionsgattung bei Förster. Die Themen entnimmt er größtenteils der zeitgenössischen Oper; es gibt Variationen von Förster über Arien von Mozart, Martin und Sarti; lauter regelmäßige zwei- und dreiteilige Liedformen. Wo er ein eigenes Thema variiert, ist es ganz unbedeutend, nur eine Folge von zerlegten Dreiklängen. Recht bezeichnend für Förster's Variationskunst ist der Zyklus über »Cavatevi Patroni«(»Una cosa rara« von Martin).

Das 24taktige Thema (a-dur $^2/_4$ Takt) ist ein dreiteiliges Lied, dessen dritter Teil dem ersten vollständig entspricht. Der zweite Teil besteht aus 2x4 Takten, in welchen sich die Melodie 4 Takte lang auf der Tonika und 4 Takte lang auf der Dominante bewegt.

---

[1]Nach dem Totenschein

[2]Nach der Sperrsakte.

Die Variation 1 bringt eine Umspielung des Themas mit Hilfe von chromatischen und diatonischen Durchgangsnoten im Triolenrhythmus, während die Melodie unverändert bleibt. – Die Variation 2 bringt die Triolen im Baß, während die Melodie unverändert bleibt. – Die Variation 3 nimmt die wichtigsten Melodienoten auf starke Taktteile und setzt sie durch Tonwiederholung im Sechszehntel-Rhythmus fort. Im zweiten Teile wird diese Tonwiederholung für die beiden Orgelpunkte benützt und zwar zuerst im Baß, dann im Sopran. – Variation 4. Die Melodie bleibt unverändert. Der Baß ist wieder figuriert, sodaß die wichtigsten Noten des ursprünglichen Basses mit Hilfe von Durchgangstönen und Akkordzerlegungen verbunden werden. – Variation 5. Minore. Die Umschreibung des Themas in Achtel-Synkopen, Baß ist unverändert. – Variation 6. Maggiore. Das Thema ist in der Mittelstimme, im Sopran-Dreiklangszerlegungen. – Variation 7. Melismatische Verzierung des Themas. – Variation 8 behält in Akkordzerlegungen die wichtigsten Noten des Themas, dazu als Begleitung eine Achtelbewegung (ebenfalls Dreiklangszerlegung), die abwechselnd über und unter der rechten Hand stattfindet. Die Variation ist durch eine kleine Kadenz erweitert, welche überleitet in die Variation 9, Adagio, eine mit raschen Skalenläufen,Trillern und Doppelschlägen reich versehene Umspielung des Themas, in der von einer eigentlichen ruhigen Kantilene nichts zu finden ist. – Variation 10 ist ein Allegro in $^3/_8$Takt, ebenfalls nur eine ganz äußerliche Veränderung des Themas. Die Variation ist durch rasche Skalenläufe fortgesetzt in die Koda, die nicht moduliert, auch motivisch nicht irgendwie mit der vorhergehenden Variation zusammenhängt, sondern nach einer kurzen Kadenz über den $^6_4$-Akkord in das Thema ($^2/_4$Takt) zurückführt; dessen erste vier Takte werden genau gebracht, aber dann mit Sequenzen fortgeführt und verkürzt, womit der Schluß erreicht ist.

Die Analyse zeigt, daß die Variationen rein formale sind; d. h. sie begnügen sich damit, das Thema mit glänzenden Figuren und Passagenwerk auszuschmücken, ohne das innere Wesen desselben zu berühren. Der Baß, die Harmonie und die Kadenzierung bleiben überall dieselben wie im Thema. Von der Durchführung eines bestimmten Motives innerhalb einer Variation ist keine Spur vorhanden. Die Koda entsteht nicht aus der Entwicklung der letzten Variation, sondern ist nur daran gefügt, um einen glänzenden Schluß zu erhalten. Wohl finden sich in andern Variationenzyklen Ansätze zur motivischen Behandlung, aber nur sehr spärlich.

Immerhin weisen bei aller Äußerlichkeit die Variationen Förster's eine Gliederung auf, die eine Zusammenfassung der kleineren Teile zu einem größeren Ganzen erkennen läßt. – Das wird dadurch erreicht, daß 1) analoge Variationen, d. h. solche, die im Baß, respektive in der Oberstimme gleichartig behandelt sind (im besprochenen Fall I. und II., III. und IV.) neben einander gestellt sind (der Typus der Doppelvariation ist bei Förster nicht vertreten); – 2) dadurch, daß regelmäßig in der Mitte der Reihe eine moll-Variation, im zweiten Drittel ein Adagio und am Ende ein Allegro oder Allegretto steht, und das so konsequent, daß fast der Eindruck einer zyklischen Folge hervorgebracht wird. In diesem Punkte äußert sich der starke Einfluß Mozart's auf Förster, welcher diese Art der Gruppierung von ihm genau übernommen hat, ohne natürlich im Adagio die Schönheit der Mozart'schen Melodie zu erreichen. Durch diese große, allerdings äußerliche Ähnlichkeit in der Konzeption ist es zu erklären, daß die Förster'schen Variationen über Sarti's Arie aus »I finti eredi« so lange unter Mozart's Namen gehen konnten[1]).

Der Klaviersatz der Förster'schen Variationen ist glänzend und nicht leicht, oft bedeutend schwerer als bei Mozart. Schnelle Skalen und Akkordzerlegungen sind vorwiegend; aber auch Doppel-Terzen, -Sexten und Oktavenläufe im raschen Tempo sind nicht selten (Variationen über »Caro mio sposo« aus »Una cosa rara«). Die Technik des Übergreifens der Hände kehrt ebenfalls mit einer gewissen Regelmäßigkeit wieder.

Förster selbst scheint keinen großen Wert auf seine Variationen gelegt zu haben: sie sind alle ohne Opuszahl erschienen und hatten offenbar nur dem Bedürfnis des Virtuosen und des Verlegers zu dienen.

Ganz anders steht es mit den Klaviersonaten, deren Förster (die zwei vierhändigen mitgezählt) 20 geschrieben hat.

Die ältesten unter den erhaltenen sind die Opera 12, 13, 14 aus dem Jahre 1796; sie zeigen alle Anzeichen einer noch unentwickelten Formenkunst. Zu erwähnen wäre etwa nur die Sonate Op. 14 Nr. 2 (Es-dur) wegen ihres Rondos, das bereits die Form zeigt, die Förster mit Vorliebe in seinen Kammermusikwerken anwendet.

Der erste Teil ist ganz regelmäßig: Hauptsatz – erster Seitensatz (Dominante) Hauptsatz. Der zweite Seitensatz wird durchgeführt und leitet nicht in den Hauptsatz, sondern nach einer ziemlich weitgreifenden Modulation (C-moll, Gis-moll, E-dur, Cis-moll, Es-moll, Orgelpunkt auf B) in den ersten Seitensatz (Tonika) zurück, worauf erst der Hauptsatz wiederholt wird. Die Koda deutet den zweiten Seitensatz noch einmal an.

In allen diesen Sonaten ist die Ähnlichkeit mit Mozart's Stil unverkennbar. Vor allem die konsequente Dreisätzigkeit, ferner die Art der Thematik, viele kleinere melodische Wendungen in Seitensätzen und Adagios, die Anwendung von Vorhalts- und Wechselnoten, die melismatischen Verzierungen und viele harmonische Wendungen (die moll-Fortsetzung eines dur-Satzes zum Zwecke der Modulation, die Anwendung der sechsten Stufe in moll in dur-Sätzen). Endlich die zahlreichen Wiederholungen der Kadenz mit der stereotypen Skala oder Dreiklangszerlegung auf dem $^6_4$-Akkord und dem 7-Akkord mit Triller. Auch die Modulation reicht, was Tempo und Umfang betrifft, kaum über die von Mozart eingehaltenen Grenzen hinaus. Dagegen zeigt sich schon hier die Tendenz, die einzelnen Stücke des Satzes miteinander zu verbinden, statt sie nur nebeneinander hinzustellen, was allerdings nicht überall gelungen ist. Die Durchführungen sind, obwohl klein in der Anlage, meist gut motivisch gearbeitet und enthalten Haupt- und Seitensätze.

Ob bei diesen Sonaten schon ein anderer als Mozart's Einfluß wirksam gewesen ist, läßt sich nicht sicher sagen. Deutlich aber zeigt er sich in den Sonaten Op. 22 und noch mehr in dem letzten Op. 25.

---

[1]Diese Variationen wurden erst von L. Köchel (Vgl. thematischer Katalog, Seite 530, Nr. 280) endgiltig Förster zugewiesen.

Die zweite der drei zusammengehörigen Sonaten Op.22 ist bei weitem die interessanteste. Die Durchführung des ersten Satzes überrascht gleich zu Beginn mit einer kühnen harmonischen Wendung, die weder Mozart noch Haydn an dieser Stelle gebraucht hätten. Der dritte Satz ist ein feuriges und leidenschaftliches Allegro (G-moll), das formal und in Erfindung auf gleicher Höhe steht. Sehr gut ist hier mit einer dreimaligen Sequenz des vergrößerten Hauptsatzes der Übergang in den Seitensatz vollzogen, dessen erster Teil selbst motivisch mit dem Hauptsatze zusammenhängt. Der Schlußsatz ist ebenfalls aus dem Hauptsatze gebildet.

Die Durchführung bearbeitet nach einer langen Einleitung den Seitensatz, dann den Hauptsatz, der verkürzt und kräftig modulierend (Es-dur, Ges-dur, F-moll, G-moll, C-moll) über eine Folge von Septimakkorden den Orgelpunkt *D* erreicht. Dieser Satz ist der erste, der eine deutliche Koda enthält, die aus dem Schlußsatze entwickelt, mit einer Wendung nach der Unterdominante (C-moll) die Tonart befestigt.

Hier ist nichts mehr von stereotypen Halbschlüssen und Kadenzen zu finden, der ganze Satz ist aus einem Guß und von überraschendem Schwung und Leben. Hier ist Mozart völlig überwunden. Diese Musik steht unter dem Zeichen eines andern Großen. Es ist darin etwas wie ein Funken des Beethoven'schen Feuers.

Sein Bestes in dieser Gattung Musik hat Förster in der Phantasie und Sonate Op. 25 gegeben. Über die erstere ist nicht viel zu sagen, wohl aber über die Sonate D-dur.

Der Hauptsatz des ersten Allegro ist zwar unbedeutend erfunden, aber gut aufgebaut (aufgelöste Periode) und durch ein Überleitungsmotiv fortgesetzt, welches imitatorisch behandelt zum Seitensatze führt. Dieser ist als zweiteiliges Lied angelegt und sollte am Ende des 16. Taktes wieder in A-dur schließen; statt dessen beginnt nach dem *pp* des vorhergehenden Taktes *f* ein neues Motiv in A-moll, das ganz Beethoven'sches Gepräge hat und modulatorisch in Sequenzen durch 52 Takte ausgesponnen wird.

Darauf führen vier verschiedene Schlußsätze, von denen der erste und dritte mit dem Hauptsatze zusammenhängen, der zweite eine Gruppe von Akkorden und der letzte ein kurzes Anhängsel von zwei Takten ist, die Exposition zu Ende.

Die Durchführung beginnt mit der eben erwähnten Akkordgruppe und moduliert dann mit Hilfe von Sequenzen über das Überleitungsmotiv nach F-dur (Fermate). Hier beginnt der Hauptsatz, dessen erstes Motiv gangartig fortgesetzt und auf fünf Takte erweitert diese Form annimmt:

Diese Gruppe wird sofort im Baß unter zerlegten Dreiklängen in B-dur, dann in der Oberstimme in C-moll, zum drittenmal im Baß in F-moll wiederholt, wird dann verkürzt und moduliert als ein halbtaktiges Motiv bald im Baß, bald in der Oberstimme in 13 Takten nach D-moll. Hier beginnt eine neue Durchführung des Überleitungs-Satzes, welcher in 14 Takten (zum Schlusse wird das Motiv bis auf Achtel und Viertel vergrößert) auf den Orgelpunkt A führt und auf diesem wiederholt wird, bis die darüberschwebenden Akkorde die Tonart vollständig befestigt haben. Darauf tritt, – immer noch auf dem Orgelpunkt, – der Hauptsatz zum erstenmale wieder ein, kehrt aber noch einmal auf A als Dominante zurück.

Nach einer kurzen Fermate beginnt der dritte Teil, der im wesentlichen dem ersten gleicht; die Modulation in den Seitensatz (Tonika) wird durch eine neue motivische Wendung des Überleitungssatzes vollzogen. Nach dem vollständigen Schluß auf Tonika beginnt die Koda, die den Hauptsatz und zum Schluß die Überleitung neu bearbeitet; letztere mit ganz eigentümlicher Wirkung, die leise an die seltsame Stimmung am Schlusse der *A*-dur-Sonate Op. 101 von Beethoven erinnert:

Dieses Mal sind zwei Mittelsätze vorhanden: Adagio und Menuetto; letzteres ein vollständiger zweistimmiger Kanon. Das Finale, ein energisches Presto, ist knapper als der erste Satz, motivisch aber noch enger verknüpft. Die Durchführung entsteht auch hier aus der Auflösung einer größeren Gruppe. Alles geht ohne Pausen und Abschnitte ineinander über (es fehlt sogar das gewohnte Trennungszeichen zwischen dem ersten und zweiten Teil).

In dieser Sonate ist zum erstenmal die Durchführungstechnik angewendet, die der moderne Theoretiker »Modell« und »Auflösung des Modells« nennt. Auch in vielen andern Punkten zeigt sich Beethoven's Einfluß. Vor allem in der Viersätzigkeit, dem melodischen und thematischen Element, in der größern Anlage der Koda usw. Auch der Klaviersatz, der sich ursprünglich auch nur der geringern Mittel Mozart's bedient hatte, ist hier ein andrer; er beschränkt sich nicht auf die mittlere Lage des Instrumentes, sondern macht auch von den tieferen Baßtönen und vom Diskant ausgiebigen Gebrauch. Vielfach ist der Satz polyphon, an den stärkeren Stellen klangvoll und vollgriffig. Auch an eigentlichen Klangwirkungen fehlt es nicht. Förster kennt hier schon die Pause als Mittel um Spannung zu erregen.

Von den vierhändigen Klaviersonaten Förster's ist nur die eine erhalten. In diese Zeit dürfte auch das Capriccio fallen, das nur handschriftlich erhalten ist, ein glänzendes und schweres, kontrapunktisch sehr gediegen gearbeitetes Stück in Sonatenform.

So stark die Entwicklung Förster's auf diesem Gebiete der Kammermusik gewesen ist, ist ihm doch manches versagt geblieben: das Adagio und das Scherzo.

2.2.3 Kammermusik für Klavier mit Streichinstrumenten.

Aus dem Jahre 1795 stammen die sechs Klavierquartette, als Op. 8, 10 und 11 gleichzeitig erschienen. Sie sind, ausgenommen zwei (Op. 8 Nr. 1, und Op. 11 Nr. 2), durchwegs dreisätzig und haben alle ein Rondo als Finale.

Sie stehen technisch auf derselben Stufe wie die gleichzeitigen Klaviersonaten, mit denen sie nur einen Vorzug nicht teilen, nämlich den der Knappheit. Dies macht sich besonders in den weitausgedehnten letzten Sätzen bemerkbar. Die Art der Verbindung der drei Streichinstrumente (Violine, Viola und Violoncello) ist eine sehr einförmige und mangelhafte. Die Gegenüberstellung der beiden Klangkörper ist vielfach eine chorische; ganze Themen werden von der Streichergruppe allein gebracht und vom Klavier wiederholt (Op. 8 erster Satz, Anfang), oder zur Hälfte von den Streichern, zur Hälfte vom Klavier gespielt. Wo beide Gruppen sich zu Forte-Stellen vereinigen, wie es bei den Teil- oder Ganzschlüssen zu geschehen pflegt, sind die Streicher im wesentlichen nur zur Verstärkung da und begleiten das Klavier mit harmonischen Füllnoten, so daß beinahe der Eindruck eines Tutti erweckt wird. Wo die Streichinstrumente vom Klavier begleitet und melodieführend sind, gehen häufig Violine und Viola oder Violine und Violoncello in Oktaven. Besonders unselbständig ist das Violoncello geführt, das im Streicherchor den Baß bildet, und wo das Klavier hinzutritt, immer nur den Baß des letzteren verdoppelt. Oft tritt es melodieführend auf (namentlich in den Seitensätzen), niemals aber als Mittelstimme, selten (nur als Orgelpunkt) als Baß unter einer Klavierfigur. Gegenseitiges Durchdringen von Klavier und Streichinstrumenten kommt eigentlich niemals vor.

Trotz ihrer Länge sind die Rondos die am meisten gelungenen Sätze zu nennen; abgesehen von der Frische und Natürlichkeit der Erfindung kommen auch harmonisch interessante Einzelheiten darin vor; so in dem Rondo des Quartettes Op. 11 *Es*-dur.

> Der Schluß des zweiten Seitensatzes sollte hier nach *As*-dur führen; statt dessen tritt *As*-moll ein, und nach enharmonischer Verwechslung folgt ein 11taktiges Stück in *H*-dur, das durch einen 7-Akkord über *H* wieder nach *Es* zurückkehrt. – Die Art dieser Modulation und besonders das Verweilen auf der leiterfremden Harmonie erinnert an gewisse Lieblingswendungen Schubert's.

Die drei Klaviertrios Op. 18 haben vor den Klavierquartetten von vornherein den Vorteil voraus, daß die zu geringe Zahl von zwei Streichinstrumenten gegen das Klavier eine chorische Behandlung der beiden Körper unmöglich macht. Das macht sich sowohl in der Form der Themen geltend als auch in der Stimmführung der beiden Streicher, die hier eine selbständigere ist.

Die Trios sind dreisätzig, jedes mit einer Adagio-Einleitung zum Allegro versehen. Die zweiten Sätze sind Andantes ohne jede Bedeutung. Die letzten Sätze sind in zwei Fällen (Nr. 1 und 3) Rondos, im dritten ein Allegro con variazioni. Auch diese Variationen sind rein formale und nützen den Streichersatz wenig aus. Ungewöhnlich lang ist die Koda, welche, obwohl harmonisch einförmig und ohne Interesse, wenigstens durchaus thematisch gearbeitet ist.

Die technische Behandlung der Instrumente ist in den Klavier-Quartetten und -Trios immer dieselbe. Am glänzendsten, wenn auch nicht virtuos, ist das Klavier behandelt, das klanglich auch bei weitem überwiegt, Violine und Viola sind leicht und können auch von schwächeren Spielern gut ausgeführt werden. Anders das Violoncello. Sei es, daß Förster diesen Klang besonders geliebt, oder daß er diese Partie einen ihm bekannten guten Spieler zugedacht hat, es wird häufig und andauernd in seinen hohen Lagen verwendet und reicht selbst bis zum

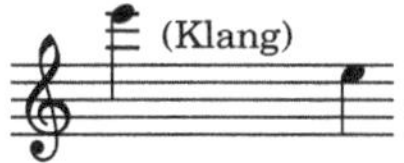

Das rein klangliche Element ist bei den Klavier-Quartetten und -Trios sehr vernachlässigt, was bei dieser Art der Kammermusik besonders schwer ins Gewicht fällt, die durch Gegenüberstellung zweier so heterogener Klanggruppen von Natur aus große Spödigkeit besitzt. Förster ist hier weit hinter Mozart zurückgeblieben, dessen Feinheit in der Stimmführung und im Klang er nirgends erreicht, und nähert sich eher der Nüchternheit des Haydn'schen Stiles, mit dem er auch die Verdoppelungen der Klavierbässe durch das Violoncello gemeinsam hat. Unbegreiflich ist es, daß Förster, sonst ein Mann des Fortschrittes, wenn auch des langsamen, gar nichts von Beethoven's Op. 1 gelernt hat, das schon so viel früher (1795) erschien und sicherlich noch früher gespielt worden war. Wer Förster's Klavier-Quartette und -Trios kennt und bedenkt, daß die übrige zeitgenössische

Produktion auf noch tieferer Stufe gestanden haben muß, begreift erst völlig den Umsturz, den Beethoven mit seinem Op. 1 vollbracht hat.

2.2.4 Kammermusik mit Bläsern.

Kammermusik mit Bläsern gehörte zu den besonderen Liebhabereien des Wiener Publikums. Nicht nur in der Form der orchestralen Harmoniemusik, die in Fürstenhäusern durch Kapellen ausgeübt wurde, sondern auch in der Form des Bläserquartettes, der verschiedenen Arten von Notturnos, Kassationen, Duos usw. wurde sie gepflegt. – Wie für Streichquartette erschienen Arrangements von Klavier- und Orchesterwerken auch für Bläserkammermusik gesetzt. Förster hat nur wenig in dieser Gattung geschaffen; es sind drei Duos für Flöte und Klavier (von denen nur zwei Op. 5 und Op. 11 vorhanden sind). Außerdem gibt es von ihm ein Sextett (Op. 9) für Klavier-, Streich- und Blasinstrumente und ein Notturno für Streicher und Bläser.

> Die beiden Duos sind dreisätzig; Allegro-Adagio-Rondo. Beide sind in den einfachsten Formen gehalten, technisch und in Erfindung unbedeutend.
>
> Zu den unglücklichsten instrumentalen Zusammensetzungen gehört die des Sextetts für Violine, Viola, Flöte, Fagott und Klavier. Es ist von vornherein klar, welcher Nachteil für den Komponisten aus der Wahl dieser beiden Blasinstrumente erwächst, die im Klang die mattesten sind, überdies wegen ihrer zu geringen Zahl und wegen ihrer Lage zueinander (bei normalerVerwendung ist der Abstand zwischen Flöte und Fagott 2 Oktaven) nicht als Gruppe gebraucht werden können, ohne ein drittes Instrument zu Hilfe zu nehmen.[79] Das Sextett besteht aus vier Sätzen: Allegro vivace (nach kurzer Einleitung Adagio), Andante, Menuett mit drei Trios, Rondo (Allegro), die mit kurzer Unterbrechung (»seque«) aufeinander folgen. Themen und Aufbau der Sätze sind die denkbar einfachsten; der erste Satz sehr knapp, das Andante eine Sonatenform, das Rondo in der Form, die schon früher als die für Förster typische bezeichnet wurde. Die Modulation geht nirgends über die nächst verwandten Tonarten hinaus. Der beste Satz ist auch hier wieder das Rondo, welches das Bestreben zeigt, die Wiederkehr des Themas, das zuerst vom Klavier allein gebracht wird, jedesmal instrumental zu variieren.
>
> Im übrigen ist es mit dem Instrumentalklange sehr übel bestellt. Teilweise kommt auch hier (Andante und Rondo) die gruppenweise Gegenüberstellung des Klaviers zu den übrigen Instrumenten zur Anwendung. Oft begleiten Streicher und Bläser das Klavier nur mit verstärkenden Füllnoten. Von den beiden Bläsern ist nur das Fagott (Andante) zu ausgedehnterem Solospiel verwendet.
>
> Das Notturno (*D*-dur) ist, wie schon der Name vermuten läßt, in noch leichterem Stile geschrieben und schließt sich der Gattung der Divertimenti, Kassationen usw. an, deren Haydn und Mozart eine sehr große Menge geschrieben haben. Von diesen aber unterscheidet es sich durch die einfache Besetzung der Streicher, wodurch das Stick noch in die Gattung der Kammermusik gehört. Es ist für folgende Instrumente gesetzt: zwei Violinen, zwei Violen, Violoncello, Baß, Flöte, Hoboe, Fagott und zwei Hörner. Die zweite Viola, die fast durchaus selbständig geführt ist, dient offenbar nur dazu, der Zahl von 6 Blasinstrumenten die gleiche Zahl Streicher gegenüberzustellen.

Das Notturno ist ebenfalls viersätzig: Allegro, Andantino, Menuett mit drei Trios und Rondo (Allegretto). Die Trios werden nicht hintereinander gespielt, wie im Sextett, sondern mit zweimaliger Wiederholung des Menuetto; an das dritte Trio schließt sich das Finale.

Das Notturno steht noch durchaus melodisch, formal und modulatorisch unter Mozart's Einfluß, mit dem Förster nur eines nicht gemeinsam hat: die Klangschönheit selbst der einfachsten Kombinationen. Der Klang ist fast durchwegs sehr armselig. Die Bläser sind wenig ausgenützt und kommen immer in denselben stereotypen Verbindungen vor. Die Hörner sind, ausgenommen wenige Takte, immer nur harmoniefüllend; häßliche Verdoppelungen finden sich auch hier (zum Beispiel Trio I, wo die Melodie in Flöte, erster Violine und Fagott in drei Oktaven verdoppelt ist); außerdem kommen noch andere Verstöße vor, zum Beispiel die häufige Isolierung des Kontrabasses, selbst Unreinheiten im Satze finden sich. Abgesehen von alledem ist aber die Homophonie des ganzen Stückes unerträglich, die alles bis auf eine Stimme zu rhythmischen Füllnoten herabdrückt, wodurch es möglich ist, daß man zum Beispiel über den ersten Satz bei Durchsicht der ersten Violinstimme eine vollständige Übersicht gewinnt.

Um Förster's Tätigkeit auf dem Gebiete der Kammermusik für Bläser zu würdigen, müßte Vergleichsmaterial von seinen minderen Zeitgenossen vorhanden sein, denn an die großen Meister reicht er hier nicht entfernt heran.

2.2.5 Streichquartette.

Das Wertvollste von allen Kompositionen Förster's sind ohne Zweifel seine Kammermusikstücke für Streicher; sowohl weil sie absolut das beste und selbständigste sind, was er geschaffen hat, als auch deshalb, weil sie seinen Entwicklungsgang und damit den seiner Zeit am klarsten und vollständigsten dartun.

Vorhanden sind von ihm 18 Quartette, erschienen zu je 6, als op. 7, 16 und 21, in den Jahren 1794, 1798, 1802, und 3 Quintette op. 19, 20 und 26 aus den Jahren 1801, 1802, 1803. – Wie man sieht, erstrecken sich die Arbeiten fast über die ganze Zeit seines öffentlichen Wirkens. Daß Förster außer diesen noch später Quartette komponiert hat, die aber nur handschriftlich bekannt wurden[1]) und heute nicht mehr erhalten sind, ist sicher; die Zahl derselben ist natürlich nicht festzustellen[2]).

Bevor die Besprechung dieser Werke erfolgt, ist es vielleicht am Platze, einen Blick auf die beiden großen Meister des Quartetts zu werfen, die auch Förster's Lehrer gewesen sind und mit einigen Worten ihren Stil zu kennzeichnen. – Es ist natürlich nicht möglich, hier eine völlig erschöpfende Darstellung des Haydn'schen und Mozart'schen Quartetts zu geben, sondern es handelt sich nur darum, die Kriterien anzugeben, die bei der Beurteilung der Förster'schen Quartette maßgebend gewesen sind, besonders bei der Bestimmung des Einflusses, unter dem er wie viele seiner Zeitgenossen gestanden hat.

---

[1]Vergleiche Biographie S.11[80]

[2]Mendel's Lexikon gibt die Zahl 48 an, die aber durch nichts verbürgt ist.

Wohl scheint, wie Otto Jahn sagt[1]), »jede summarische Gegenüberstellung der beiden Meister leicht als Über- oder Unterschätzung des einen oder des andern, da nur eine im Detail angestellte Vergleichung jedem sein volles Recht widerfahren lassen kann«; wohl ist es auch schwer auseinander zu halten, was Mozart von Haydn und Haydn von Mozart gelernt und übernommen hat; aber gerade die Vergleichung der Quartette aus der Zeit ihres stärksten gegenseitigen Einflusses führt auf einige wichtige Unterschiede, die natürlich in der innersten Art der beiden Meister begründet sind und sich gerade in der für Stilunterschiede sehr empfindlichen Gattung der Quartettmusik auf das deutlichste bemerkbar machen.

Es ist eine auffallende Erscheinung, daß die minderen Komponisten jener Zeit mehr unter Mozart's als unter Haydn's Einfluß gestanden haben; andrerseits steht es wohl außer Zweifel, daß das Quartett Haydn's dem Beethovenschen[2]) Stil naher steht als jenes Mozart's, daß es eher einer Weiterbildung fähig war als dieses. Von dem Standpunkt der Keimfähigkeit ist es auch am leichtesten, die Vergleichung der beiden Meister vorzunehmen.

Noch etwas muß voraus geschickt werden, um das Verhältnis der beiden zu einander richtig darzustellen, daß nämlich die Zahl[3]) der Mozart'schen Quartette gegen die Haydn's eine geringe ist. Mozart hat sie in seiner unerschöpflichen Produktionsfülle nur nebenbei geschaffen, während Haydn sich hier so recht in seinem Element befindet und in der Quartettmusik seine höchste Vollkommenheit erreicht hat. Von all seinen Werken dürften sich die Quartette am längsten lebensfähig erhalten; sie stehen dem modernen Quartettstil weit näher, als sich ähnliches von seinen Chor- und Orchesterwerken sagen ließe.

Die rein formale Betrachtung zeigt, daß Mozart einen feststehenden Typus mit deutlich geschiedenen, gegensätzlichen Teilen herstellt, während Haydn durch Varianten und Modifikationen immer neue Gestalten aus dem Sonatensatz zu bilden sucht.

Mozart's Themen, und zwar beide Gruppen, Hauptsatz und Seitensatz, sind meist Perioden- oder gar Liedformen, deutlich im Sinne des Gegensatzes zu einander erfunden, und werden erst in der Durchführung in ihre Motive zerlegt. Haydn arbeitet oft von vornherein mit Motiven, mindestens sucht er die stereotypen Periodenbildungen durch allerlei Unregelmäßigkeiten und rhythmische Verschiebungen zu zerbröckeln. Hauptsatz und Seitensatz stehen nicht immer im thematischen, sehr oft nur im tonalen Gegensatz zueinander, indem der Seitensatz eine Umbildung des Hauptsatzes ist. Die haufigen Halbschlüsse und Kadenzen, die bei Mozart vielfach nüchtern[4]) wirken, – man denke nur an die immer wiederkehrende Kadenz $^6_4$-Akkord und 7-Akkord mit Triller – sind bei Haydn vermieden. Die Rückführung aus dem Durchführungsteil in den Hauptsatz geschieht bei Mozart mit Hilfe eines Orgelpunktes auf der Dominante, Haydn macht auch dies flüssiger und unvermittelter.

Die Koda – eines der wichtigsten Momente in der Entwicklung des modernen Sonatensatzes – ist bei beiden Meistern nebensächlich; eher aber sind bei Haydn als bei Mozart Ansätze dazu zu finden (Quinten-Quartett). Natürlich finden sich einige der typischen Eigenschaften Haydn's – wenn man bei seinem reichen Wechsel

[1]Mozart II, S.205

[2]Vgl. Lenz, Jahn etc.

[3]Dies betont auch Jahn a. a. O.

[4]Vgl. Richard Wagner, der von »Klappern der Schüsseln zwischen den einzelnen Gängen der Tafel« spricht.

noch diesen Ausdruck gebrauchen darf – auch bei Mozart (Hauptsatz und Seitensatz gleich im Quartett *D*-dur) und umgekehrt, aber doch als Ausnahmen.

Noch enger als sonst ist im Streichquartett das formale Element mit dem des Satzes verbunden. Sie können kaum getrennt betrachtet werden, da sie z. B. in der Durchführung vollständig ineinander übergehen.

Wenn es wahr ist, daß Mozart's hervorragende Eigenschaften Zärtlichkeit und Anmut, die Haydn's Lebhaftigkeit und Humor sind, so zeigt sich ähnliches auch in ihrer Satzkunst. Mozart legt das Hauptgewicht auf warme und innige Melodie; häufig ist eins der vier Instrumente allein führend, während die andern mit harmonischen Füllnoten begleiten. Seine Gegenstimmen sind meist einfach, kunstvollere Verschlingungen seltener. Haydn's Satz ist weit polyphoner; abgesehen davon, daß er die kontrapunktische Form der Fuge und des Fugato mit Vorliebe anwendet, beteiligt er auch sonst die vier Instrumente möglichst gleichmäßig am Spiele. – Als formbildend tritt bei ihm der Kontrapunkt in den Seitensätzen auf, die oft nur als Gegenstimmen zu dem Thema des Hauptsatzes erscheinen.

Am deutlichsten zeigt sich der Gegensatz der beiden Stile in den Durchführungen, die bei Haydn stets kontrapunktisch die Motive in Vergrößerungen, Verkleinerungen, Umkehrungen usw. verarbeiten, während Mozart selbst neues Themenmaterial hier einführt und überhaupt viel mehr harmonisch und melodisch als kontrapunktisch steigert. Durch all dies ist es erklärlich, daß in jenen Stücken und Teilen, die einer kontrapunktischen Behandlung bedürfen, Haydn Meister ist, in den rein melodischen Mozart. Während dieser hinter jenem in der Durchführung zurücksteht, hat Haydn nie die Süße und den seligen Ausdruck des Mozart'schen Adagios (z. B. im »Dissonanzenquartett«) erreicht.

Dem entsprechend ist auch der Klang bei Haydn viel abwechslungsreicher und überraschender, bei Mozart weicher und verschleierter. Es ist als ob er des schönen Klanges wegen auf alle seine kontrapunktischen Künste Verzicht geleistet hätte. Wenn Haydn den Quartettklang aus dem Kontrapunkt erfindet, so erfindet er den Kontrapunkt aus dem Klang. Noch ein Umstand scheint dies zu bestätigen; für gewöhnlich verzichtet Mozart auf besondere Behandlung des Instrumentes wie pizz., geworfene Bogen, Dämpfer usw., wodurch Haydn oft seine besten Wirkungen hervorbringt, sondern verlangt nur schönen, ausdrucksvollen Strich.

Über das Menuett sagt O. Jahn[1]) sehr treffend: »Haydn's Menuett ist aus dem Volksleben hervorgegangen, Mozart's ist der Ton der gebildeten Gesellschaft.« Mozart's Menuett ist recht die Idealgestalt eines solchen, während sich das Haydn's in Tempo und thematischem Gehalt viel mehr dem Scherzo nähert.

Also auch darin erweist sich Mozart als der Ausgestaltende, Haydn als der Fortgestaltende.

Umgekehrt steht es mit den Quartettvariationen; eben weil sie bei diesem vom Kontrapunkt aus erfunden sind und deshalb nüchtern wirken (Kaiservariationen), während Mozart gerade hier klanglich ungemein wirkungsvoll ist und die Charaktervariation anzuwenden beginnt.

Es ist also gar nicht zu verwundern, daß sich die kleineren zeitgenössischen Talente eher an Mozart als an Haydn angeschlossen haben; denn abgesehen davon, daß er leichter zu kopieren war, als dieser in seiner Vielgestaltigkeit, kam er auch

[1]Mozart II, S.211

durch seine reiche Melodik und noch manche Anklänge an den galanten Stil dem Geschmacke der Zeit entgegen. – Übrigens hat auch ihm die Kritik vorgeworfen, daß er »den Hörer über dornenvolle Felsenwege führe, statt in schattige Täler«. Es ist natürlich, daß auch er nur in äußerlichen Dingen nachgeahmt werden konnte, wie die vielen seichten Kompositionen seiner Wiener Nachfolger beweisen.

Recht primitiv sind Förster's erste Quartette op. 7; sie sind sämtlich klein in der Anlage, vielfach steif und ungeschickt, nicht recht fließend, was durch die Abschnitte zwischen den Teilen und die Einförmigkeit der Themen bewirkt ist. Alle 6 Quartette sind viersätzig in der gewohnten Folge: Allegro, Andante oder Adagio, Menuett, Finale (Rondo oder Sonatensatz).

Mozart's Einfluß zeigt sich überall, in der Kadenzierung, im Bau der Motive, in der Melodik und in harmonischen Wendungen.

Die Quartette sind beinahe durchwegs homophon, d. h. mit Vorherrschen einer Stimme; die Begleitungsstimmen sind nicht Begleitungsmotive, sondern nur Akkordnoten; die Modulation ist arm, oder doch konventionell. Hier und da (wie in Nr. 5 und 6) wird das Spiel der Stimmen ein lebhafteres, was allerdings durch die Einfachheit der Motive sehr erleichtert wird. Der Satz ist sauber, man würde vergebens nach offenen Quinten, verdoppelten Leitetönen, schlechten Querstanden oder ähnlichen Fehlern suchen. Alles ist glatt und gut, aber von unglaublicher Nüchternheit. Auffallend oft wird das Violoncell in seiner hohen Lage angewendet und wird wie bei den Klavierquartetten dann immer im G-Schlüssel notiert. Der Baß verliert dadurch an Festigkeit, der Klang wird weich und süßlich. Natürlich ist dieser Umstand nicht zufällig, sondern vom Komponisten beabsichtigt und findet eine Erklärung in der Widmung an den König von Preußen, Friedrich Wilhelm III., der ein passionierter Violoncellist und Quartettspieler war. Auch in diesem Punkt berührt sich also Förster mit Mozart, der in seinen dem König gewidmeten Quartetten dasselbe Zugeständnis gemacht hat. Pizzicato wendet Förster hier selten an, Dämpfer gar nicht; dagegen schreibt er oft den Fingersatz in die Stimmen und bezeichnet den Niederstrich durch das allen Geigern bekannte Zeichen ⊓.

Wer die Partituren der nächsten Reihe von Quartetten (op. 16) zur Hand nimmt, dem bietet sich schon bei oberflächlicher Betrachtung ein andres Bild. Der Umfang ist größer als bisher, die Stimmen greifen mannigfaltiger in einander. Als Typus kann etwa das II. Quartett (*B*-dur) gelten.

Das Allegro hat eine unverhältnismäßig große Exposition. – Es stehen hier 95 Takte 1. Teil – 43 Takten 2. Teil entgegen. – Der Seitensatz ist auf ganz ungewöhnliche Weise erweitert mit Hilfe einer Technik, die später von Schubert auf das herrlichste ausgebildet worden ist. Nachdem der erste Teil der Gesangsgruppe (*F*-dur) vollendet ist, tritt statt des erwarteten *F*-dur *F*-moll ein, und es folgt jetzt eine kurze Durchführung des Gesangsmotives, das über *As*-dur nach *Des*-dur moduliert, um jetzt erst nach F-dur zurückzukehren, wo sogleich ein neues Thema, ein zweiter Seitensatz beginnt, der dann zum Schlußsatz führt; dieser ist aus dem Hauptsatz gebildet, im Rhythmus 3taktig.

Der II. Teil ist durchaus kontrapunktisch gearbeitet, er bringt erst eine 10taktige imitatorische Durchführung des Hauptsatzes, kombiniert mit einem Motive des

Seitensatzes; dann folgt ein 6taktiges Modell (ebenfalls aus zwei Motiven gebildet), das zuerst in *Des*-dur, dann in *B*-moll auftritt, endlich aufgelöst wird und in Sequenzen zum Orgelpunkt führt. Da der erste Teil des Satzes mit einem 7Akkord endigt, mußte der Schluß eine Änderung erfahren, und da gibt es – wenn auch noch in bescheidenen Grenzen – eine Koda, die zwei Motivgruppen imitatorisch durcharbeitet im ganzen 14 Takte lang.

Aus mehreren Gründen ist das Adagio dieses Quartetts merkwürdig. Es ist *E*-dur und *con sordini*, was bei einem Quartett in *B* überraschen muß. Es ist ein Stück von weicher, verträumter Stimmung; durchaus nicht so nüchtern wie sonst Förster's langsame Sätze – ohne Passagen, rein melodisch, an manchen Stellen sogar warm empfunden. Es leuchtet hier etwas durch, was bei Haydn kaum, bei Mozart (*G*-moll- Symphonie, *G*-moll-Quintett) hier und da zu finden ist – die Romantik der Tonart. So etwa konnte man die Empfindung bezeichnen, welche die Modernen für den Stimmungsgehalt einzelner Tonarten haben; eigentlich datiert dies erst seit Beethoven, der für einige Fälle (*Es*-dur- Eroica, *C*-moll- V. Symphonie usw.) scharf umrissene Typen geschaffen hat, deren Spuren durch die Romantiker bis auf die Modernsten, Richard Strauß, Bruckner, Mahler etc. zu verfolgen sind. Jedenfalls ist dies eines der Momente, welche begreifen lassen, daß E. T. A. Hoffmann Beethoven einen Romantiker nennt.

Das Menuett zeichnet sich durch seine hübsche, gut vorbereitete und doch überraschende Wiederkehr des Themas aus. Das Trio (*B*-moll) mit seiner langen Melodie im gleichförmigen Viertel-Rhythmus ist von eigentümlichem Ernst und besonders in den unregelmäßigen Abschnitten seines II. Teiles interessant.

Das Finale ist wieder ein Rondo heiteren Charakters. Es hat seine Durchführung nicht wie gewöhnlich nach dem zweiten Seitensatz, sondern dieser ist als große dreiteilige Gruppe angelegt, deren zweiter Teil eine lange Verarbeitung der Motive des Hauptsatzes ist. Der III. Teil ist wieder dem ersten gleich und geht in den Hauptsatz über, statt wie sonst in den ersten Seitensatz, der hier keine bestimmt ausgeprägte Gestalt hat. Erwähnenswert ist auch das V. Quartett (F-moll) in seiner reichen, ernst empfundenen Thematik, namentlich im ersten und letzten Satz, welche deutlich Beethoven's Einfluß verraten. – Beispiele werden dies am besten zeigen:

Seitensatz:

und:

Schlußsatz:

Auch das Finale des VI. Quartetts (A-dur) ein Stück von übermütiger Lustigkeit, im Bau analog dem Finale des V. Quartetts, gehört zu den besten Sätzen dieser Gruppe. Bei einem Vergleich mit den Quartetten op. 7 weisen die eben besprochenen wesentliche Fortschritte auf.

Förster hält sich formell nicht mehr so ängstlich an seine Vorbilder, sondern versucht dieselben auf eigne Art fortzubilden. Er erweitert den Sonatensatz besonders in seinem I. Teile. Dieser erhält durch die breitere Anlage des Hauptsatzes, noch mehr aber durch die größere Ausführung der nunmehr zweiteiligen Gesangsgruppe und des mehrteiligen Schlußsatzes einen weiteren Umfang und überragt an Taktzahl bei weitem den Durchschnitt der Haydn'schen und Mozart'schen Quartette. Dabei ist eine innige Verbindung der beiden Gruppen miteinander angestrebt, (wenn auch nicht in allen Fällen erreicht), was durch die Zweiteiligkeit der Gesangsgruppe erleichtert ist, deren I. Teil oft motivisch mit dem Hauptsatz zusammenhängt. – Die Durchführung hält im allgemeinen der Exposition, weder was Länge, noch was den Ernst der Arbeit betrifft, die Waage. Es macht häufig den Eindruck, als wäre der Komponist froh nur rasch den Orgelpunkt und die Reprise zu erreichen. Das gilt aber durchaus nicht immer; in manchen Fällen ist der thematische Gehalt des I. Teils wirklich verarbeitet und gesteigert, soweit das die hier noch ziemlich beschänkte Modulation zuläßt. Auch manche gute Ansätze zur Koda, – im Sinne der Beethoven'schen Koda – finden sich schon.

Bedeutend gestiegen ist der Wert des Adagios. Deutlich ist es zu beobachten, wie Förster das Spiel mit Passagen- und Figurenwerk aufgibt, um einer wirklichen Melodie, mehr oder weniger warm empfunden, zum Durchbruch zu verhelfen. Das Menuett hat größere Ausdehnung gewonnen und ist oft ernst und ausdrucksvoll; die Trios, die sich häufig in der Art der Anlage und im Charakter dem Scherzo nähern, sind gleichfalls länger und sorgfältiger ausgeführt. Im Finale überwiegt der Sonatensatz an Stelle des Rondos; wo ein solches vorkommt, hat es eine ausgedehnte Durchführung.

Der Satz beteiligt fast immer alle 4 Stimmen gleichmäßig am Spiel und ist gut kontrapunktisch geführt. Wenigstens kommen die konventionellen Akkordnoten – Begleitungen in Viertel- oder Achtel-Rhythmus – seltener vor oder doch nur dann, wenn ein bestimmter Klang damit erzielt werden soll. Besonders auffällig tritt das kontrapunktische Element natürlich in den Durchführungen hervor, sogar als Konstruktionselement ist es verwendet (Trio des IV. Quartetts usw.). Häufig sind schon Begleitungsmotive – besonders in den Adagios – die dann auch selbständig auftreten; auch der umgekehrte Fall, die Umwandlung von Hauptmotiven in Begleitungsmotive ist in den Durchführungen zu beobachten.

Die Behandlung der Instrumente ist von der frühern Art nicht wesentlich verschieden. Das Violoncell ist hier weniger vorherrschend und in mäßigerer Weise in seinen hohen Lagen angewendet. Doppelgriffe kommen mehr zur Geltung und werden nicht nur zu den abschließenden Akkorden, sondern auch mitten im Satz gebraucht, entweder als lange, gehaltene Noten oder als kürzere Werte, auch mit einem zweiten Instrument zu drei- oder vierstimmigen Akkorden vereinigt. – Pizzicato kommt wenig, Dämpfer einmal vor. Dennoch spielt hier auch der Klang eine größere Rolle. Das zeigt sich in der Verwendung der tiefsten Töne des Violoncello und der Viola, in gewissen Akkordzerlegungen der Geigenstimmen, im engen Satz in höherer Lage und dergleichen mehr. – Die größere Sorgfalt tritt auch in der Genauigkeit der dynamischen und der Phrasierungszeichen zutage, was in den Stimmen der Quartette op. 7 mangelhaft ist.

Es ist mehrfach die Ansicht ausgesprochen worden [1]), daß Beethoven bei der

[1] Thayer, Riemann (letzterer braucht den Ausdruck »Bindeglied«).

Komposition seiner ersten Quartette von Förster vieles gelernt habe. Das könnte, da Förster's Quartette op. 7 minderwertig sind, seine letzten Quartette op. 21 aber erst 1822, also lange nach Vollendung von Beethoven's op. 18 erschienen sind, sich nur auf die eben besprochene Reihe op. 16 beziehen. Daß Beethoven diese und vielleicht noch andere, nicht veröffentlichte Quartette Förster's aus dieser Zeit gekannt hat, ist bei der intimen Art ihres künstlerischen Verkehres als sicher anzunehmen. Um seinen Einfluß auf Beethoven irgendwie feststellen zu können, müßten die ersten Quartettversuche des letzteren vorliegen, die Sätze, die der Meister der Veröffentlichung nicht wert hielt; denn die Quartette op. 18, wie sie in ihrer endgiltigen Fassung vorliegen, stehen natürlich so hoch über den Förster'schen Arbeiten, daß die Verbindungsfaden, die ja vielleicht vorhanden gewesen sein mögen, wie abgeschnitten erscheinen. Es muß daher genügen festzustellen, was Beethoven von Förster gelernt haben kann und wo letzterer an Mozart anknüpfend, neue Wege gesucht hat. Es sind dies die formalen und satztechnischen Errungenschaften der Quartette op. 16, von denen bereits die Rede war und die in der Entwicklung des Komponisten einen großen Schritt vorwärts bedeuten.

Es ist ja wahr, daß sich Züge, die für Beethoven's Stil charakteristisch sind, in den Anfängen bei Förster finden; auch er baut ganze Teile eines Satzes aus einem einzigen Motiv, das in immer neuen harmonischen und kontrapunktischen Wendungen durchgeführt, gerade durch die Hartnäckigkeit im Festhalten des Rhythmus zur größten Steigerung gebracht wird. Es wäre nur eben zu erwägen, ob da nicht Förster – dem die zeitgenössische Kritik dieses Verfahren auf Schritt und Tritt zum Vorwurf macht, – von Beethoven's Klaviersonaten angeregt wurde, wo dieses Prinzip schon längst ausgesprochen ist.[81] Man denke dabei etwa an die ersten Sätze der Sonaten *C*-dur (op. 2) und *C*-moll (Pathétique op. 13) und Finale der Sonate *F*-dur (op. 10).

Oft finden sich überraschende Anklänge an Beethoven'sche Motive, und es ist immerhin denkbar, daß der Große vom Kleineren[82] genommen hat, freilich um unendlich mehr daraus zu machen.

Wie weit er es in seinem kleinen Rahmen[83] gebracht hat, zeigen Förster's letzte Quartette op. 21. Schon das I. Quartett (*C*-dur) ist eines der besten.

Der I. Satz ist Allegro $^{6}/_{8}$. Das Hauptthema ist auf Dreiklangsnoten aufgebaut:

und als regelmäßiges 2teiliges Lied angelegt, was hier zu seinem leichten Charakter sehr gut paßt. Es ist auch sehr gut fortgesetzt; im 16. Takt übernimmt das

Violoncello das Hauptmotiv, das durch 4 Takte zwischen Violoncell und Viola imitatorisch verarbeitet wird, darüber ein Gegenmotiv der 1. Violine (T. 16):

Bald wird das Thema im Violoncell verkürzt und zu einem Begleitungsmotiv (T.20)

während die erste Violine mit einer neuen rhythmischen Figur die Modulation in die Dominante vollzieht. – Hier (T.22) wird aber kein vollständiger Abschluß gemacht, sondern es erfolgt nur eine mehrtaktige Verzögerung auf der Harmonie der Wechseldominante[84], bis endlich die erste Violine mit einem Gang in den Seitensatz führt:

(T. 32). Das Thema des Seitensatzes ist begleitet von der überleitenden Figur der 1. Violine, die noch dazu motivisch aus dem Abschluß des Seitensatzes antizipiert ist:

(T. 39) und im Violoncello erklingt dazu das Motiv des Hauptsatzes. – Das ist eine Einführung, wie sie in diesem Stil technisch vollendeter kaum gedacht werden kann. Der Seitensatz wird darauf von der ersten Violine aufgenommen und bis zu seinem 7. Takt fortgeführt, wo er verkürzt wird und die imitatorische Durchführung des Achtelmotives im letzten Takt zwischen I. und II. Violine, zum Schluß mit Hinzutreten der Viola erfolgt. Dann beginnt (T. 55) der Schlußsatz:

der ebenfalls aus dem Hauptsatz gebildet ist. Nach dieser Gruppe folgt eine zweite, akkordische, die sofort mit einigen Alterationen wiederholt wird und in den 8taktigen (2 x 4 T.) Orgelpunkt auf *G* übergeht, der mit einer Wendung nach der Unterdominante die Tonart befestigt. Die letzten Takte, aus dem Hauptsatze gebildet, schließen auf dem 7Akkord über *G* (mit *F*) und eine absteigende Skala führt zurück in die Tonika, oder ohne Unterbrechung in die Durchführung. Diese beginnt mit einer kühnen harmonischen Umbiegung des Hauptsatzes (T. 100.):

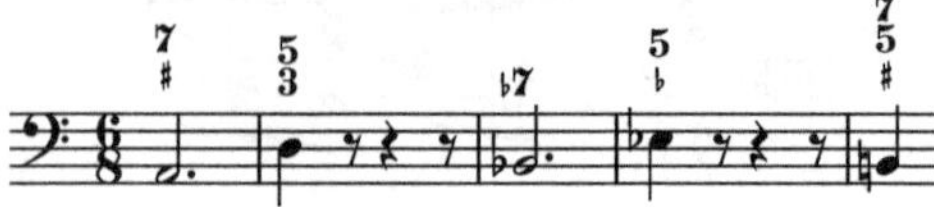

Auf *E*-moll übernimmt das Violoncello das Hauptmotiv, dazu ein Gegensatz in der I. Violine (T. 106.)[85]:

Die Modulation greift nicht weit aus, sondern kehrt nach dem Orgelpunkt über *H* zurück (analog dem Orgelpunkt des Schlußsatzes). Das Violoncell beginnt ein neues Motiv (T. 120)[86]:

das von der I. Violine imitiert wird; das geschieht noch einmal in *A*-moll; hier erfolgt die Verkürzung und imitatorische Fortsetzung, Modulation nach dem 7Akkord über *G*. Von diesem erfolgt noch eine harmonische Steigerung durch chromatische Stimmfortsetzung mit Festhaltung des durch Verkürzung gewonnenen Motivs:

bis *H* als Baß erreicht ist (Harmonie des Akkordes). Aber auch hier wird kein wirklicher Orgelpunkt festgehalten, sondern nur die Dominantharmonie, bis ein motivisch entwickelter Gang der I. Violine in den Hauptsatz zurückführt.

Der III. Teil bringt eine ganz neue Einführung des Seitensatzes. Der Hauptsatz moduliert nämlich mit Hilfe der Verwechslung von *C*-dur mit *C*-moll (ein Beethoven'sches Konstruktionsmittel) nach *As*-dur und *F*-moll und von hier führt eine dreistimmige kanonische Fortsetzung nach *D*-dur direkt in den Seitensatz. Zum Schluß ist zum erstenmal eine lange deutliche Koda angefügt. Nachdem der schon im I. Teil erwähnte Orgelpunkt abgeschlossen ist, beginnt wieder das imitatorische Spiel mit dem Motiv des Hauptsatzes zwischen I. Violine und Violoncello, diesmal mit angepaßten Intervallenschritten nach *B*-dur aufwärts und wieder zurück nach *C*-dur modulierend (T. 256). Darauf folgen noch einige Kadenzen, alle aus dem Hauptsatz gebildet. Dieser schließt denn auch kombiniert mit einem Skalenmotiv im doppelten Kontrapunkt der Oktave den ganzen Satz kräftig und bestimmt ab. Die Länge der Koda ist 27 Takte.

Das Adagio ($^9/_8$ *As*-dur, Sonatenform) hat eine wirklich schöne und innig empfundene Melodie, zu der das später selbständig auftretende Begleitungsmotiv des Violoncello einen guten Gegensatz bildet. Die Durchführung ist harmonisch reich und gut in den 3. Teil übergeleitet. Auch dieser Satz hat eine ausgesprochene Koda. Der ganze Satz ist durchaus homophon und ohne Figurenwerk, also nur auf Schönheit der Melodie und der Modulation hin angelegt.

Menuett und Trio sind sehr einfach und knapp.

Zu Förster's allerbesten Eingebungen gehört das Finale dieses Quartetts, ein überaus anmutiges und feines Stück, das auch formell neu und eigenartig ist. – Der Hauptsatz ist liedförmig; nachdem er zu Ende ist, beginnt ein 4taktiges Überleitungsmotiv auf der Tonika (T. 28):

das durch viermalige Wiederholung Liedform erhält. Darauf wird der Hauptsatz zerlegt und kurz durchgeführt und moduliert in die Dominante, wo der kurze Seitensatz:

(T. 66) auftaucht, der genau wiederholt wird. Ein langer Orgelpunkt auf *G* führt in den Hauptsatz zurück, der ganz wiederholt wird.

Hierauf beginnt die Durchführung, die zu Anfang den Überleitungssatz (*F*-dur) bringt, mit einer wunderhübschen Wendung nach *A*-moll, die ihn dem Schubert'schen Typus nahe bringt. Die Durchführung ist übrigens kurz und locker und ganz aus diesem Motiv bestritten. Zum Schlusse die Wiederholung des Orgelpunktes von früher. Daran schließt sich die letzte Repetition des Hauptsatzes, der nun in seiner längsten Form erscheint und dessen letzte 2 Takte: (T. 188)

nicht weniger als 8mal, 4mal in der I. Violine und 4mal im Violoncell wiederholt werden.

Die Koda beginnt mit einer kühnen harmonischen Wendung und führt über *Es*-dur nach *G* als Orgelpunkt von *C*-moll, wo über den motivischen *staccato*-Schlagen der übrigen Streicher eine neue, reizvolle Melodie in der ersten Violine auftaucht, die an Schumann's Art erinnert (T. 213):

Noch 4 Takte verzögern den Eintritt von C, das nun bis zum Schluß als Orgelpunkt festgehalten wird; darüber eine neue Form des Hauptsatzes, der endlich auf die schon vom Beginn der Koda bekannten rhythmischen Schläge verkürzt mit dynamisch humoristischen Gegensätzen (*f* und *p*) zu Ende geführt wird.

Die Form des Satzes ist ein Zwischending zwischen Sonate und Rondo, steht aber trotz des gänzlich fehlenden II. Seitensatzes dem letzteren näher. Merkwürdig ist die Verkürzung des III. Teiles, der mit völliger Weglassung des Seitensatzes direkt in die lange Koda übergeht. Das Schema wäre also kurz so: Hauptsatz – Seitensatz (Dom.), Hauptsatz – Durchführung, Hauptsatz – Koda. Weit entfernt davon, Förster diese Unregelmäßigkeit als Fehler anzurechnen, muß man im Gegenteil sagen, daß sie gerade den Hauptreiz dieses lustigen Satzes bildet.

Natürlich stehen die übrigen Quartette des op. 21 nicht alle auf der Höhe des ersten.[87]

Das II. Quartett (*D*-moll) gibt im Allegro die Knappheit des I. wieder auf, um größeren Dimensionen und größerer Prägnanz Raum zu geben. Aber auch hier findet sich im Schlußsatz ein schöner Gedanke von Schubert'scher Anmut:

Der II. Satz (Andante in G-dur $^3/_8$) hat, ohne so bezeichnet zu sein, die Form der Variation. Tatsächlich fließen die Abschnitte ineinander über, sodaß ein vollkommen einheitliches Gebilde entsteht. Das Thema ist ein 3teiliges Lied, dessen beide Abschnitte wiederholt werden. Darauf folgt unmittelbar die I. Variation, auf einem eigenen Motiv aufgebaut (im Violoncello T. 29). Im II. Teil wird dieses von einer rascheren Figur in 32tel Noten abgelöst, welche auch zum III. Teil kontrapunktiert ist. – Der II. und III. Teil des Liedes sind weit über den Rahmen des Themas hinaus erweitert, sodaß die Kadenzen wie verwischt erscheinen. Die Variation schließt nicht ab, sondern geht nach einem langen Verweilen auf der Dominante in das Thema zurück, zu welchem jetzt das Motiv der Variation im Violoncello kontrapunktiert ist.

Das Menuett zeigt eine feine Behandlung der Rückführung; das Trio ist aus dem thematischen Material des Menuetts gearbeitet.

Das Finale (Allegro G-dur $^2/_4$) zeigt wieder starken Einfluß Beethoven's:

Das Thema stimmt fast genau mit dem des op. 18 C-moll von Beethoven überein. Auffallend ist der besonders kräftige Orgelpunkt am Ende der Rückführung, der aus 2 Motiven des Themas gebaut ist:

Formal bietet dieses Finale eine Analogie zu dem des I. Quartettes insofern, als der 3. Teil des Satzes den Seitensatz nicht wiederholt, sondern direkt in die Koda übergeht, die das thematische Material eigentlich mehr und besser als die Durchführung verarbeitet. Die Koda ist mehr als 30 Takte lang. Auch hier wird durch die Abkürzung große Einheitlichkeit und ein gewisser drängender Zug erzielt, was bei einem Finale stets gute Wirkung tut.

Das III. Quartett (*A*-dur) hat eine abweichende Satzstellung: Allegro, Menuett, Adagio, Finale, was deswegen geschehen ist, weil das I. Allegro von einem kurzen Andante eingeleitet und geschlossen wird.

Das IV. Quartett (*Es*-dur) ist höchstens in der Durchführung seines I. Satzes merkwürdig durch die Art, wie über den thematischen Imitationen der tieferen Stimmen in der Oberstimme eine neue Melodie gebildet wird, und durch die enharmonischen Rückungen, die in den verschiedenen Stimmen zu verschiedener Zeit notiert sind.

Das V. Quartett (*B*-dur) hat in seinem Allegro das Muster eines leichten und flotten Quartettsatzes; es ist fast durchweg auf dem hüpfenden Motive des Hauptsatzes aufgebaut, aber in so lustiger und abwechslungsreicher Art, daß man in das verdammende Urteil des zeitgenössischen Rezensenten nicht einstimmen kann, sondern sich nur wundert, daß so etwas noch ein anderer gewagt hat, als – Beethoven. Besonders hübsch ist der Schluß des Satzes mit seiner 3maligen imitatorischen Anspielung auf den Seitensatz.

Dieselbe Erscheinung im Adagio, in welchem fast kein Takt von dem immer wiederkehrenden Auftakte des Themas frei ist. – Daß es in der Durchführung selbständig verarbeitet wird, ist selbstverständlich.

Menuett und Finale (Rondo) fallen sehr gegen die beiden Vordersätze ab.

Im VI. Quartett (*E*-moll) und namentlich in der Durchführung des I. Satzes, zeigt sich die gefährliche Seite der viel besprochenen Technik. Sie besteht aus fortwährenden und unerträglich einförmigen Imitationen des Hauptmotives, an welchen anfangs nur I. und II. Violine, später alle vier Instrumente teilnehmen; es ist eine förmliche Erholung, wie eine Viertel-Bewegung endlich den Orgelpunkt einleitet. Weit besser sind die andern 3 Sätze des Quartetts, besonders das lebhafte Finale mit einem hübschen, wieder sehr an Beethoven mahnenden Seitensatz.

Die Fortschritte der besten Sätze dieser Quartettgruppe gegenüber der von op. 16 sind ganz ungeheure. Hier ist nirgends mehr eine Lücke, der Zusammenhang der Teile ist vollkommen, alles geht in einem Zug vorüber. Die kontrapunktisch-motivische Arbeit in den Durchführungen ist Prinzip. Die Modulation greift viel weiter aus als bisher, nicht selten geschieht sie durch Anwendung der Chromatik und Enharmonik. Eine ganz neue Errungenschaft dieser Quartette ist die lange, mit Bewußtsein angelegte Koda, die häufig das ersetzt, was die Durchführung schuldig geblieben ist. Sie bringt wirklich eine neue Verarbeitung der Themen und ist auch modulatorisch nicht mehr so eng begrenzt. Das Adagio erreicht einen Ausdruck und eine Vollendung der Form, wie in keiner seiner gleichzeitigen Klaviersonaten. – Selbst die Variation zeigt hier Ansätze zur thematischen Behandlung. Die Menuette sind im allgemeinen kürzer und nicht so sorgfältig in der Arbeit wie in op. 16. Von den Finales gilt hier dasselbe, was auch sonst gesagt werden kann, daß sie nämlich im Durchschnitt die besten und fließendsten Sätze sind.

Über die Behandlung ist nichts Neues zu sagen. Der Klang ist durch die reiche Verwendung der Imitation und kanonischer Führungen ein mannigfaltigerer.

Das Stakkato, als Mittel komische Wirkungen zu erzielen, ist häufig angewendet (wahrscheinlich auch der springende Bogen, der aber nicht angezeigt wird). Dämpfer sind einmal vorgezeichnet (Adagio Nr. 4), pizzikato fast gar nicht.

2.2.6 Streichquintette.

Die 3 Quintette op. 19, 20, 26 stammen aus derselben Zeit wie Förster's letzte Quartette. Dennoch wäre man fast versucht, das erste derselben einige Zeit früher anzusetzen.

Das I. Quintett (*C*-moll) zeigt im Allegro noch alle Zeichen der Unreife: die vollständige Abschließung der einzelnen Teile, wodurch der freie Fluß gehindert wird, die große Zahl der akkordischen Füllnoten und Begleitungsrhythmen, die enge Anlage des II. Teiles.

Dagegen ist der I. Teil umfangreicher, die Modulation freier, als in den früheren Werken Förster's. Auch begegnet man hier im Schlußsatz des I. Teiles einem Thema, das schon im Quartett op. 7 No. 3 vorkommt und mit 2 Beethoven'schen Motiven verwandt ist (T. 67).

Die Coda fehlt vollständig; statt ihrer tritt eine kleine Erweiterung des Schlußsatzes ein.

Der zweite Satz (Andantino $^3/_8$) ist eine 3teilige Form, mit Anwendung der Variation. Formell eine Analogie zum Andantino des Quartettes op. 21 No. 2. Die Stimmführung dieses Satzes ist weit selbständiger als die des ersten; seine Länge läßt aber ein weiteres Ausgreifen der Modulation, die auf die nächsten verwandten Tonarten beschränkt bleibt, sehr vermissen.

Menuett und Trio sind regelmäßig und unbedeutend und zeigen nur das Bestreben nach gutem Satz. – Am besten gelungen ist auch hier wieder das Finale (poco presto) fließend in der Form, einheitlich in der Thematik, nur die Durchführung ist kurz und schwach. Wenn nichts anderes, wiese die lange Koda, der beste Teil des Satzes mit ihrem ausgedehnten Orgelpunkt auf die späte Entstehungszeit des ganzen opus. Das Quintett 20 (*A*-moll) dagegen stellt sich den besten Streichquartetten an die Seite.

Das Allegro hat einem formell mustergültig aufgebauten I. Teil mit guter Fortsetzung des Hauptsatzes, guter Einführung des Seitensatzes, kurz, es ist aus einem Guß. Der Seitensatz erinnert in der Art seiner Anlage, in dem Wechselspiel zwischen 2 und 2 Stimmen, an Beethoven'sche Seitensätze (T. 42.)

Allerdings ist das gesamte Themenmaterial der Exposition trotz ihrer langen Ausdehnung rhythmisch arm, was sich denn auch in der Durchführung fühlbar macht. Diese ist eigentlich nur eine teilweise Wiederholung des I. Teiles ohne harmonische und thematische Steigerung.

Der III. Teil weist eine kleine tonale Abweichung vom Schema der Form auf: der Seitensatz tritt hier zuerst in *F*-dur auf (ist auch in der Instrumentierung verändert)und erscheint erst bei der Wiederholung in der regelmäßigen Tonart *A*-moll. Das Andante (*A*-dur Sonatenform) ist heiteren, scherzhaften Charakters, formell sehr geschickt und gut in der Stimmführung. Imitation und Kanon sind viel und am richtigen Platze angewendet.

Das Menuett ist durch seinen besonderen Ernst und die Größe in der Anlage ausgezeichnet. Stünde nicht die Tempobezeichnung »Moderato« darüber, könnte man es kurzweg für ein Scherzo erklären. Jedenfalls spürt man hier wieder starken Beethoven'schen Einschlag. –

Schon im Thema:

Beethoven op. 12 No. 2, Finale:

Der erste Teil ist liedförmig angelegt und schließt mit einer kleinen Erweiterung auf *Es*-moll. Technisch vollendet kann man die Durchführung nennen, die hier – mehr als in den Menuetten der Streichquartette – allen Liedcharakter abstreift und nur auf die größte Steigerung der Motive bedacht ist. Sie beginnt mit einem 4taktigen Modell, das selbst schon imitatorischen Charakters ist, und auf 2 verschiedenen Stufen gebracht wird (*C*-dur und *A*-moll); dann wird es so verkürzt, daß immer die beiden Motive des Themas, das Achtelmotiv des ersten und das Synkopenmotiv des zweiten Taktes übereinander stehen. Die Verkürzung wird noch drängender, als das Achtelmotiv rhythmisch verschoben den Ton *D* fixiert,

während die übrigen Instrumente auf dem chromatischen Baß eine harmonische Steigerung ausführen, immer in Synkopen:

Noch im letzten Takt, auf *A*-moll, immer unter dem festgehaltenen Orgelpunkt und als Schluß der chromatischen Steigerung bringt die 2. Violine im kräftigsten *F* das Motiv des 3. Taktes (T. 45):

Auch der Wiedereintritt des Themas, der so vorbereitet wird, ist belebt und gehoben durch den Orgelpunkt im Violoncell, wo das Achtelmotiv noch eine Zeitlang als Echo der großen Steigerung nachklingt. Das Thema wird auch hier nach dem 4. Takt abgebrochen und durch eine neue Wendung nach der Unterdominante gesteigert, um erst am Ende analog dem I. Teil geführt zu sein.

Weniger bedeutend ist das Trio. Neu und charakteristisch ist der Umstand, daß es nicht vollständig abschließt, sondern mit einer 18taktigen durchaus thematischen Überleitung ins Menuett zurückgeht! Hier ist also auch dieser Zusammenhang noch hergestellt.

Der letzte Satz ($^2/_4$ Takt, Sonatenform) ist ebenfalls durch einige Züge merkwürdig; vor allem dadurch, daß er keinen eigenen Seitensatz hat, sondern der Hauptsatz an dessen Stelle tritt. Hauptsächlich aber durch die Rückführung: erst der lange, kräftige Orgelpunkt mit der schrittweisen Vergrößerung aller Rhythmen, endlich die fünfstimmige Imitation auf der Harmonie des 7. Akkordes – wie ein tiefes, schmerzliches Aufseufzen (T. 233)[88]:

Das alles ist wahrhaft und ernst empfunden und wäre auch eines Größeren nicht unwürdig gewesen. Ebenso hoch ist die Koda zu stellen, die wieder eine Durchführung für sich bildet.

Das III. Quintett zeigt wieder mehr Geschicklichkeit und Beherrschung der Form, als Tiefe. Wie Förster hier die Kunst der Einführung kennt, ist aus der langsamen Vorbereitung des chromatischen Seitensatzes im I. Teil zu ersehen.

Das Andante (*As*-dur $^6/_8$) hat guten und klangschönen Satz, wird aber in seiner Wirkung durch große Länge beeinträchtigt.

Das Menuett ist zwar gut kontrapunktisch erfunden und ausgeführt, ist aber durchaus nicht von gleichem Wert, wie das eben besprochene.

Am besten gelungen ist wieder das Finale, ein Satz von toller Lustigkeit, der im gehörigen Tempo gespielt, eine gute Wirkung machen muß. Der Anfang mit seinen schnell gestoßenen Achteln ist im Klang ähnlich dem Finale von Beethoven's Quintett *C*-dur.

Im übrigen verhalten sich die Quintette zu Mozart und Beethoven ähnlich wie die Streichquartette. Mehr noch als diese sind es Übergangstypen, einmal nach dieser, einmal nach jener Seite neigend. Umfang und Form sind entwickelter, als bei dem Vorbilde Mozart's, das aber in Reichtum der Erfindung und Klangschönheit nirgends erreicht ist.

Es scheint, daß Förster später keine Quintette mehr geschrieben hat; er hätte es darin vielleicht noch weiter bringen können. Denn besonders das Quintett op. 19 verrät durch seine formale Steifheit noch deutlich den Kampf mit dem neuen und ungewohnten Material, das die 5 Instrumente gegenüber der Vierstimmigkeit des Streichquartetts boten. Die Zusammensetzung ist die Mozart's: 2 Violinen, 2 Bratschen, 1 Violoncell. Satztechnisch ist dies häufig durch paarweise Gegenüberstellung der beiden Geigen und Violen, oder je einer Geige und Viola gegen die beiden andern, oder durch Vereinigung der dunklen Violenklänge mit dem Violoncell gut ausgenützt.–

Wer diese lange Reihe von Werken, von den ersten primitiven Versuchen – den Violinsonaten – bis zu den ausgereiften Formen der letzten Streichquartette, Streichquintette und Klaviersonaten überblickt, muß den Eindruck einer imponierenden Entwicklung gewinnen. Schritt für Schritt ist es zu beobachten, wie mühevoll sich Förster in die Formen der Kammermusik einarbeitet und wie er endlich nach langem Ringen mit dem Material dazu gelangt ist, sie frei und selbständig weiterzubilden. Daß er dabei seinem größten Zeitgenossen nachfolgt und unter dessen direktem Einfluß steht, kann ihm nur zur Ehre gereichen, – zeigt es doch, daß er vielleicht als einer der ersten ganz begriffen hat, wo der junge Beethoven über seine Wiener Vorgänger hinausstrebte.

Daß Förster nicht die höchsten Ziele seiner Kunst erreicht hat, ist erstens in seinem kleineren Talent, zweitens darin begründet, daß er seine ganze Entwicklung erst verhaltnismäßig spät begonnen hat; schrieb er doch seine besten und frischesten Quartette erst als mehr denn 50jähriger Mann. Es ist schade, daß er nicht früher soweit gekommen ist, sonst hätte Förster einen sehr hübschen Typus der Kammermusik geschaffen; in Andeutungen liegt er ja in den besten Sätzen vor. Es wäre der Stil der ersten Periode Beethoven's in kleineren, anspruchsloseren und leichteren Formen gewesen, – man könnte etwa sagen das Bild seiner großen Kunst unter einem kleineren Gesichtswinkel, in einen kleineren Rahmen gefaßt.

Hier und da zeigt sich bei Förster doch etwas von einer persönlichen Note; es sind ganz leise Anklänge an das, was noch kommen sollte, eine Ahnung der herrlichen Klänge der Wiener Romantik, die in Franz Schubert ihren Wecker gefunden hat.

Somit steht Förster an den Pforten der modernen Musik; er hat noch ihrem Schöpfer fast in seiner ganzen, unerhörten Entwicklung folgen können. Es ist aber fraglich, ob er sich noch in der neu erstehenden Welt zurecht gefunden hat. Denn damals war seine Zeit vorüber; er teilte das Schicksal aller Übergangstypen: die Vergessenheit.[89]

Abbildung 2.1:
Karl und Vally Weigl zur Zeit ihrer Hochzeit 1921.
Mit freundlicher Genehmigung der Karl Weigl Foundation

Abbildung 2.2:
Karl Weigl 1940.
Mit freundlicher Genehmigung der Karl Weigl Foundation

Abbildung 2.3:
Emanuel Aloys Förster, Lithographie von Josef Eduard Teltscher, 1820; Photo von Peter Geymeyer; Quelle: Wikipedia

3 Anleitung zum General-Bass

ANLEITUNG
ZUM
GENERAL-BASS

VON

EMMAN. ALOYS FÖRSTER

****

Mit gestochenen Noten-Beyspielen
in 146 Nummern.

****

Neu gesetzt und herausgegeben
von
Daniel Hensel

Wien,
in Comission zu haben : bey Johann Träg und Sohn.
In Leipzig, bei Breitkopf und Härtl.

1805.

DEN FREY-FRÄULEIN

SOPHIE, WILHELMINE, UND LOUISE

VON ARENFELD

SEINEN SCHÜLERINNEN,

AUS VORZÜGLICHER HOCHACHTUNG

GEWIDMET

von

E. A. Förster

3.1 VORREDE.

Die Musik bestehet aus Melodie und Harmonie. Die meisten musikalischen Instrumente haben bloß Melodie; das Clavier ist das Instrument, welches nebst der Melodie die reicheste Harmonie hat, und doch sind unter der erstaunlichen Menge von Clavierspielern nur wenige, die mit der Harmonie bekannt sind. Von einem Geiger oder Blaser ist nicht zu fordern, daß er Kenntnisse von der Harmonie habe; auch ist er desto schätzbarer, wenn er Sie hat: aber für einen Clavierspieler, sey er auch Dilettant, ist es fast eine Schande in derselben unerfahren zu seyn.
Es ist wahr, der Generalbaß wurde zur Unterstützung der Sänger in der Kirche erfunden, und wird aus eben der Ursache den Organisten noch heut zu Tage in Ziffern vorgelegt, deren Sache es ist, sich vorzüglich im Zifferspiele zu üben: allein wird denn nicht auch in gesellschaftlichen Zirkeln gesungen, wo das Clavier meistens allein die Singenden unterstützen muß, und noch dazu öfters aus Partituren. Aber auch dieses sey bey der Seite gesetzt, soll der Clavierspieler sein Stück wie eine Maschine herunter spielen, ohne die Haupt-Tonleiter, aus der das Stück gesetzt ist, ohne die Neben-Tonleitern, in die es ausweicht; ohne die Accorde und den Gang der Harmonie u.s.w. zu verstehen?
Dass die meisten Clavierspieler in der Harmonie Fremdlinge sind, ist vielleicht Ursache, daß jene Compositionen, die nicht nur die Ohren sondern auch den Verstand beschäftigen, und nur einiger Maßen über das Alltägliche, und über die Tanzmusik hinaus gehen, nicht verstanden, und deßhalb verachtet werden.
Ich glaube deßwegen, daß es nicht zu viel ist zu fordern, daß jeder auch nur mittelmäßige Clavierspieler, selbst das schöne Geschlecht nicht ausgenommen, Kenntnisse der Harmonie besitzen müsse, wenn er sich seines Instruments nicht unwürdig machen will.
Ich habe gesucht in gegenwärtiger Anleitung zum Generalbaß vorzüglich Dilettanten nützlich zu werden. Kürze und Deutlichkeit war mein Bestreben. Die Zeit wird lehren, ob ich einigen Beyfall verdiene.

3.2 Erstes Kapitel.

Von den Tonleitern, Intervallen und Bewegungen.

§. 1.

Auf dem Clavier, so wie in der practischen Musik überhaupt, nennt man die kleinste Fortschreitung von einer Taste zur nächst daran liegenden einen halben Ton. Zwey halbe Töne machen einen ganzen Ton. Eine abgemessene Fortschreitung nach ganzen und halben Tönen gibt die Tonleitern. Die Art und Weise, wie die halben Töne zwischen den ganzen Tönen liegen, gibt die Tonarten.

§. 2.

In der heutigen Musik gibt es nur zwey Tonarten: die harte (dur) und die weiche (moll); Tonleitern aber sind auf dem Clavier zwölf von jeder Tonart, das ist: zwölf harte und zwölf weiche Tonleitern: denn jede Taste oder Klang, deren auf dem Clavier zwölf von verschiedenen Namen sind, kann zum ersten Tone oder zur ersten Stufe genommen werden, nach welcher hernach die übrigen Stufen bestimmt werden. Auf dem Papier gibt es mehr Tonleitern, als auf dem Clavier, weil jede Taste zweyerley Namen hat, wie *fis* und *ges*, *cis* und *des*, *h* und *ces* u.s.w..

§. 3.

Es ist von Wichtigkeit die Noten, wenn sie auch auf dem Clavier eine gemeinschaftliche Taste haben, in ihrer Benennung genau zu unterscheiden; z. B. *es* von *dis*, *as* von *gis* u.s.w. weil der Schüler sonst sich keinen rechten Begriff von einer Tonleiter machen könnte, und alle Augenblicke in Irrthum gerathen würde. Man mache sich folglich die Benennungen der Noten, nämlich der durch ein Kreuz erhöhten *cis*, *cis*, *dis*, *eis*, *fis*, *gis*, *ais*, *his*,; und der durch ein *b* erniedrigten: *ces*, *des*, *es*, *fes*, *ges*, *as*, *b*, geläufig. Auch sind die durch ein einfaches Kreuz doppelt erhöhten, als Doppel *fis*, Doppel *cis*; und die durch zwey Bee doppelt erniedrigten, wie Doppel *b*, Doppel *es*, nicht zu vergessen.

§. 4.

Die Tonleitern werden durch die Vorzeichnung von Kreuzen oder Been im Anfange eines Stückes von einander unterschieden: die ganzen und halben Töne folgen jedoch in jeder harten und in jeder weichen Tonleiter auf die nämliche Art. Eine *Dur*- und eine *Moll*-Tonleiter steht immer unter einer Vorzeichnung, wie der Zirkel bey Nr.1.[1] ausweiset. Die Tonleiter *fis*-dur, und *dis*-moll mit 6 Kreuzen; *cis*-dur und *ais*-moll mit 7 Kreuzen wie auch *ces*-dur, und *as*-moll mit 7 Been,

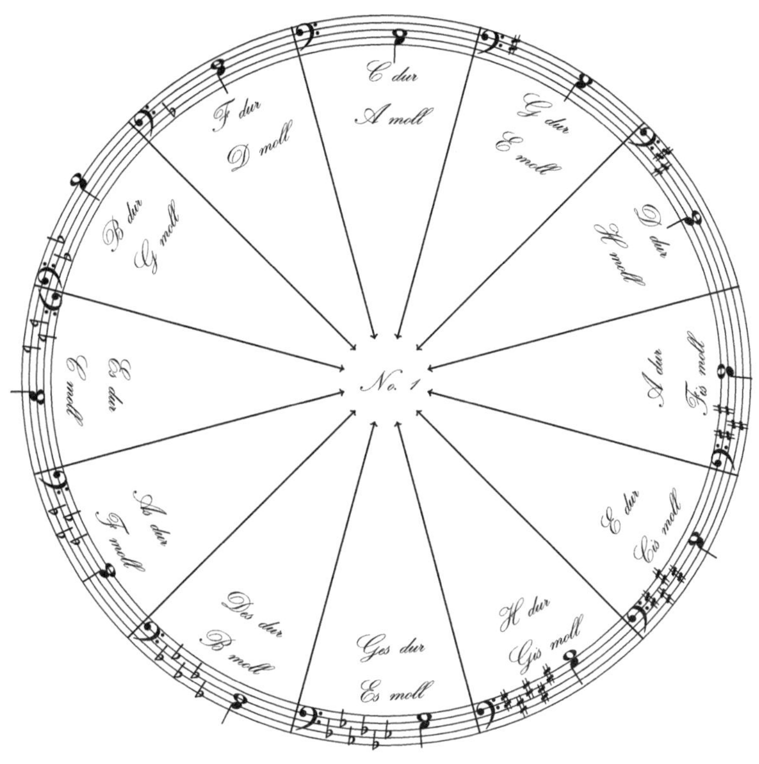

Abbildung 3.1:
Von Daniel Hensel neu gesetzter Quintenzirkel von Beispiel.1 des Noten-Anhangs aus der „Anleitung zum General-Bass“ Emanuel Aloys Försters.

sind auf dem Zirkel nicht angezeigt, weil jeder Schüler, wenn er die übrigen Tonleitern gut weiss, diese leicht ersetzt, und weil diese Tonleitern auch ausserordentlich selten vorkommen.

Die Kreuze gehen in folgender Ordnung: *fis, cis, gis, dis, ais, eis, his*; und die Bee: *b, es, as, des, ges, ces, fes.*

§. 5.

Jede Tonleiter, sie sey dur oder moll, hat sieben Stufen von ganzen oder halben Tönen. Die Dur-Tonleiter schreitet folgender Massen fort:

Von der 1. zur 2. Stufe 1 Ton.
— — 2. — 3. —— 1 —
— — 3. — 4. —— $\frac{1}{2}$ —
— — 4. — 5. —— 1 —
— — 5. — 6. —— 1 —
— — 6. — 7. —— 1 —
— — 7. — 8. —— $\frac{1}{2}$ —

Man sieht demnach, dass die Dur-Tonleiter 5 ganze und zwey halbe Töne hat, und dass der erste halbe Ton von der dritten zur vierten Stufe liegt, und der zweyte halbe Ton von der siebenten zur ersten.

Die Molltonleiter hat zwar nach der Vorzeichnung ebenfalls fünf ganze und zwey halbe Töne, von welchen letzten der erste von der zweyten Stufe, und der zweyte von der fünften zur sechsten Stufe ist, aber in Ansehung der siebenten Stufe, welche in jeder Dur- und Moll-Tonleiter die wichtigste ist, und die *empfindsame* oder *charakteristische* Note, oder auch *Leitton* heisst, ist besonders zu erinnern, dass, da sie allezeit einen halben Ton unter der ersten Stufe stehen muss, der Componist verbunden ist, sie überall im Laufe des Stückes anzuzeigen, weil sie in der Vorzeichnung nicht angedeutet wird, und dass jeder Generalbass-Schüler sich dieselbe besonders bekannt machen müsse.

Es gibt zwar einen Harmonie-Lehrer, welcher die empfindsame Note verwirft und überflüssig macht, allein der Generalbass-Schüler lasse sich vor der Hand nicht irre machen, und in der Folge, hoffe ich, wird er hinlänglich von ihrer Wichtigkeit überzeugt werden. *A*-moll hat z.B. nichts vorgezeichnet; wessen Ohr aber ist im Stande die Stelle bey Nr.2. [90] ohne *gis*, so wie sie da steht, zu vertragen?

[1] Hier Abb.3.1

Die siebente Stufe muss demnach in jeder Moll-Tonleiter durch ein Kreuz oder Auflösungszeichen erhöhet werden: folglich sind die sieben Stufen von *A*-moll: *a, h, c, d, e, f, gis*: und von *C*-moll: *c, d, es, f, g, as, h*; und so in allen übrigen Moll-Tonleitern.[91]

Dass Fälle vorkommen, wo der Bass von der ersten zur fünften Stufe abwärts, wie bey Nr. 3., bey der Vorzeichnung bleibt[1] ; und von der fünften zur ersten Stufe aufwärts nebst der siebenten Stufe auch die sechste erhöhet wird, wie bey Nr.4 zu sehen ist, geschieht des Wohlklangs wegen, und beweiset gegen obige Regel nichts. Auch die melodischen Läufer werden auf- und abwärts in Ansehung der sechsten und siebenten Stufe auf verschiedene Art gemacht, wie ein aufmerksamer Schüler in allen Compositionen von selbst bemerken wird.

Was *Rameau* unter seiner *note sensible* verstanden habe, kann uns gleichgültig seyn, mir ist und bleibt die siebente Stufe wichtig genug, um ausgezeichnet zu werden.[92]

§. 6.

Man theilt die Tonleiter auch in die *diatonische*, *chromatische* und *enharmonische* ein: bey unserer jetzigen Musik gibt es aber weder eine *chromatische*, noch eine *enharmonische* Tonleiter, wohl aber eine einzelne zufällig erhöhte oder erniedrigte Töne; welche *chromatisch* genannt werden können; und jede Taste auf dem Clavier kann *enharmonisch* heissen, weil sie auf dem Papier auf zweyerley Art erscheint, z.B. *c* und *his*; *cis* und *des*, *h* und *ces*; u.s.w. Dieses macht darum noch keine Tonleiter aus. Jede Tonleiter, sie mag *dur* oder *moll* seyn, ist, ihre Vorzeichnung vorausgesetzt, alle Zeit *diatonisch*. Von einzelnen *chromatischen* und *enharmonischen* Noten und Accorden wird in der Folge mehr gesprochen werden.

[1]Wie zu sehen ist, beziffert Förster hier die Leiterstufe mit arabischen Ziffern, dies sind keine Generalbaßziffern und auch keine Stufenzeichen im Sinne der Stufentheorie! Anm. d. Hrg.

§. 7.

Jede Tonleiter, sie sey *dur* oder *moll*, hat fünf verwandte Tonleitern, welche auf dem Zirkel Nr. 1. jederzeit in drey Fächern beysammen stehen, so dass die Haupttonleiter in der Mitte ist; z.B. *C*-dur hat *A*-moll, *G*-dur, *E*-moll, *F*-dur und *D*-moll zu Verwandten, *A*-moll hat *C*-dur, *G*-dur *E*-moll, *F*-dur, und *D*-moll u.s.w. Auch die Tonleitern von einerley Namen, wie *C*-dur und *C*-moll; *D*-dur und *D*-moll u.s.w. haben eine gewisse Verwandtschaft unter einander, wie solches häufig in Compositionen zu finden ist.

Wie nicht nur die verwandten Tonleitern, sondern auch alle übrigen entfernten Tonleitern mit einander in Verbindung stehen, wird an seinem Orte vorkommen.

§. 8.

Die Vergleichung zweyer Töne oder Klänge in Ansehung ihrer Grösse oder Entfernung von einander, nennt man ein *Intervall.* Alle *Intervalle* werden in dieser Anleitung lateinisch: nämlich *Secunden*, *Terzen*, *Quarten*, u.s.w. die Stufen der Tonleitern hingegen deutsch genannt, als: die *erste*, *zweyte*, *dritte* Stufe u.s.w. Jede Tonleiter kann z.B. nur *eine* fünfte Stufe, aber vielerley *Quinten* haben. Die fünfte Stufe in *C*-dur bleibt allezeit *g*; aber jede Stufe der *C*-dur Tonleiter hat ihre *Quinte.* Es ist unumgänglich nothwendig, diesen Unterschied genau zu beobachten.

§. 9.

Wenn ein Ton eine Stufe höher steht als der andere, so heisst der obere Ton ein Intervall von einer Secunde; stehet ein Ton zwey Stufen höher, so heisst er eine Terze u.s.w. Da jeder Ton oder Stufe erhöhet und erniedriget werden kann, so gibt es daher mehrere Secunden, Terzen u.s.w. Ich erinnere nochmals, die Töne in ihrer Benennung nicht zu verwechseln, das ist: *es* nicht *dis*, *ces* nicht *h* u.s.w. zu nennen. Man zählt:

3 *Secunden*: die *kleine*, die einen halben Ton beträgt Nr. 5. bey *a*; die *grosse*, die einen ganzen Ton macht: bey *b*; und die *übermäßige* die $1\frac{1}{2}$ Ton beträgt bey *c*.

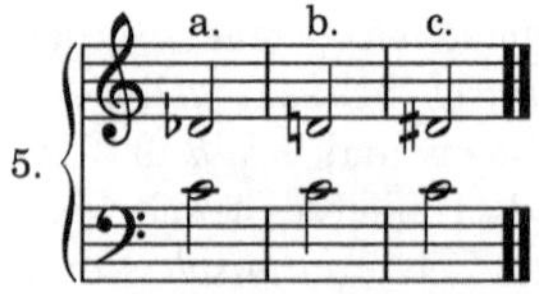

4 *Terzen*: die *verminderte* von 1 Ton Nr. 6. bey *a*, die *kleine* von $1\frac{1}{2}$ bey *b*; die *grosse* von 2 Tönen, bey *c*; und die *übermäßige* von $2\frac{1}{2}$ Tönen bey *d*.

5 *Quarten*: die *verminderte* Nr. 7. bey *a*; die *reine* bey *b*; und die *übermäßige* bey *c*. Die reine Quarte beträgt $2\frac{1}{2}$ Ton, die verminderte ist $\frac{1}{2}$ Ton tiefer, und die übermäßige $\frac{1}{2}$ Ton höher, als die reine.

3 *Quinten*: die *verminderte* oder *falsche* Nr. 8. bey *a*; die *reine* bey *b*; und die *übermäßige* bey *c*. Die reine Quinte beträgt $3\frac{1}{2}$ Ton; die verminderte ist $\frac{1}{2}$ Ton tiefer, die übermäßige $\frac{1}{2}$ Ton höher, als die reine.

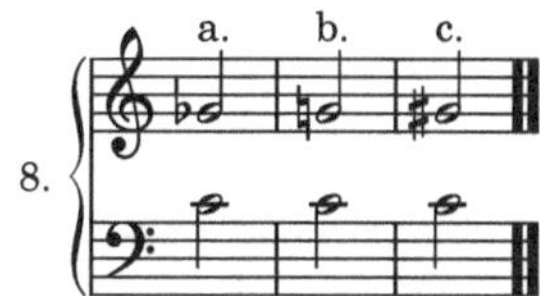

4 *Sexten*: die *verminderte* Nr. 9. bey *a*; die *kleine* bey *b*; die *grosse* bey *c*; und die *übermäßige* bey *d*; die kleine Sexte steht $\frac{1}{2}$ Ton, die grosse 1 Ton höher als die reine Quinte; die verminderte ist fast von gar keinem Gebrauche, und die übermäßige, die viel gebraucht wird, steht einen Ton unter der Oktave.

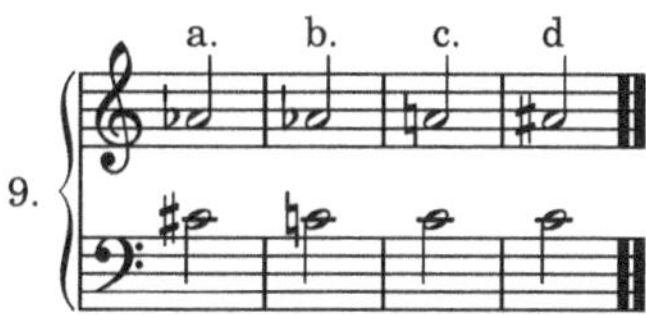

3 *Septimen*: die *verminderte* Nr. 10. bey *a*; die *kleine* bey *b*; die *grosse* bey *c*. Die grosse Septime steht $\frac{1}{2}$ Ton, die kleine 1 Ton, und die verminderte $1\frac{1}{2}$ Ton unter der Octave.

3 *Octave*: die *verminderte* Nr. 11. bey *a*; die *reine* bey *b*; und die *übermäßige* bey *c*.

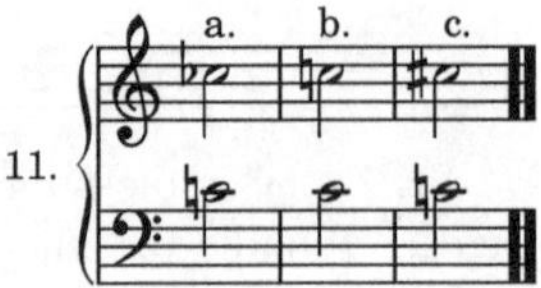

3 *Nonen*: die *kleine* Nr. 12. bey *a*; die *grosse* bey *b*; und die *übermäßige* bey *c*. Die None ist von der Secunde nur in der Bezifferung unterschieden, indem einige Accorde mit 9 andere mit 2 angezeigt werden.

§. 10.

Von allen diesen Intervallen muss man die *kleine* und *grosse Terze* und die *reine Quinte* genau kennen. Sodann auch die *verminderte Terze*; aber nur um sie zu vermeiden: denn sie ist von so wenigem Gebrauche, dass, wo sie bey Ausweichungen in andere Tonleitern vorkommt, statt ihr allezeit die *kleine Terze* muss genommen werden; z.B. Nr. 13. bey *a* macht im zweyten Accorde *f* gegen das *dis* im Bass eine verminderte Terze, die hässlich klingt, und muss, ohne dass es bey der Bezifferung angezeigt wird, wie bey *b* gespielt werden. Wenn einer weiss, zu welcher Tonleiter jeder Accord gehört, so wird er niemals eine verminderte Terze nehmen, weil sie in keiner Tonleiter enthalten ist. Obiger Septimen-Accord gehört unstreitig in die *E*-moll Tonleiter, wenngleich der erste und dritte Accord in *A*-moll ist.

Auch in den Fällen, wo ein Intervall gegen das andere in den Mittelstimmen eine verminderte Terze machen würde, muss das obere Intervall erhöhet werden, um diese garstige Terze zu verhüthen; z.B. Nr. 14. bey *a* ist die *Sexte f* gegen die *Quarte dis* eine verminderte Terze, und muss wie bey *b* gespielt werden.

Bey Nr. 15. *a* ist im zweyten Accorde die Quarte *f* gegen die Secunde *dis*; und beym dritten Accorde die Quinte *f* gegen die Terze *dis* eine verminderte Terze, und werden wie bey *b* gespielt.

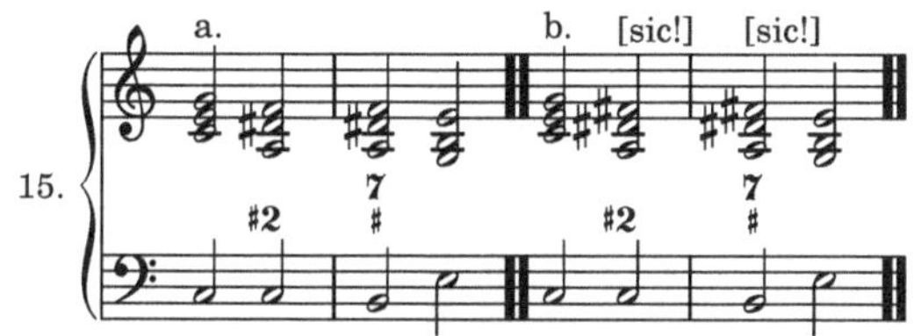

In der Melodie kommt jedoch die verminderte Terze häufig vor, wie bey Nr. 16., wo sie gut klingt; auch ist nicht gemeint, dass ein Componist die verminderte Terze in der Harmonie niemals brauchen dürfe; bey jählingen[93] Ausweichungen kann sie Dienste leisten, und heut zu Tage ist ja das Bizarre oft schön; sie muss jedoch ausdrücklich angezeigt werden.

Nach und nach lernt man auch andere Intervallen, als die *übermässige Quarte* und die *übermässige Sexte* kennen; die übrigen machen keine Schwierigkeit.

§. 11.

Sämmtliche Intervalle werden eingetheilt in Consonanzen (Wohlklänge) und Dissonanzen (Übelklänge). Die Consonanzen sind dem Gehör angenehm, die Dissonanzen hingegen frappiren mehr oder weniger. Sind die Dissonanzen zu hart, so müssen sie durch einen vorhergehenden Accord vorbereitet werden: in diesem Falle gehören zu einer Dissonanz allezeit drei Accorde, beym ersten wird nämlich die Dissonanz vorbereitet, beym zweyten erscheint sie als Dissonanz, und beym dritten nimmt sie diejenige Wendung, die ihr die Natur gewiesen hat; oder wie man es musikalisch nennet, sie wird aufgelöset. Man sehe das Beyspiel Nr. 17. Bey *a* ist der dissonirende Accord. Das *e*, die Septime, klingt widrig. So ein Accord kann nicht vorkommen, wenn nicht ein anderer voraus gegangen ist, worin der widrige Ton als Consonanz erscheint. Bey *b* ist die Dissonanz vorbereitet, und bey *c* wird sie aufgelöset, wiewohl diese drey Accorde keinen Sinn machen; indem beym dritten Accorde ebenfalls eine Dissonanz ist, nämlich die Quinte *c*, welche beym zweyten Accorde als Consonanz vorbereitet ist, und die ihre Auflösung nöthig hat, folglich einen vierten Accord erwarten lässt.

§. 12.

Die Consonanzen theilt man ein in *vollkommene* und *unvollkommene*. Die reine Quinte und die reine Octave sind vollkommene Consonanzen; die kleine und grosse Terze, die kleine und grosse Sexte aber unvollkommene Consonanzen. Die reine Quarte kann Consonanz oder Dissonanz seyn, je nachdem ihre Verhältnisse sind. So kann auch bey gewissen Accorden eine Consonanz zur Dissonanz; und umgekehrt eine Dissonanz zur Consonanz werden, wie wir in der Folge sehen werden. Auch die Dissonanzen kann man füglich eintheilen in solche, die, weil sie nicht übel klingen, keiner Vorbereitung bedürfen, und in solche, die wegen ihrer Härte allezeit vorbereitet werden müssen; aufgelöset muss jedoch jede Dissonanz werden.

§. 13.[94]

Es gibt dreyerley *Bewegungen*, die gerade, die *Gegen-* und *Seitenbewegung*. Wenn zwey Stimmen zugleich hinauf oder hinunter gehen, nennt man es die gerade Bewegung, z.B. Nr. 18. bey *a*. Wenn eine Stimme hinauf, die andere hinab gehet, nennt man es die Gegenbewegung bey *b*; und wenn eine Stimme auf demselben Tone stehen bleibt, die andere sich aber fortbeweget, so nennt man es die Seitenbewegung.

§. 14.

Wiewohl das Accompagnement *drey- vier* oder *fünfstimmig* seyn kann, so wird hier doch vorzüglich das vierstimmige gelehrt, weil die übrigen keine Schwierigkeit machen, wenn man dieses gut begriffen hat. Die vier Stimmen unterscheidet man in der Benennung dadurch, dass die oberste Stimme der Discant, die unterste der Bass, die obere Mittelstimme der Alt, die untere Mittelstimme der Tenor heisst.

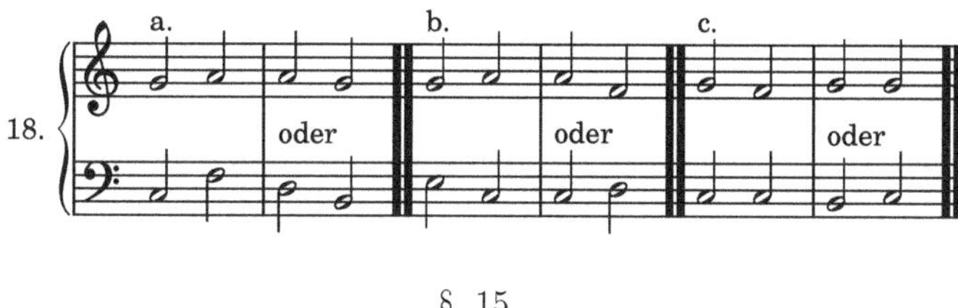

§. 15.

Zwey reine Quinten und zwey reine Octaven sind hintereinander in gerader Bewegung zu machen verboten. Nr.19.

Sind aber die Quinten von verschiedener Grösse, so sind sie vorzüglich in den Mittelstimmen erlaubt, doch geht die *verminderte Quinte* nicht leicht hinauf. Man sehe die Beyspiele bey Nr. 20.

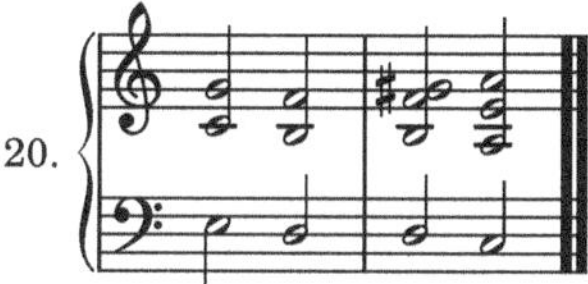

Ein Beyspiel, wo die verminderte Quinte hinauf gehet, steht bey Nr. 21., wider das vermuthlich niemand etwas einwenden wird.

§. 16.

Die sogenannten *verdeckten* oder *heimlichen* Quinten und Octaven sind hin und wieder in Lehrbüchern scharf verboten; da sie aber besonders in den Mittelstimmen nicht immer zu vermeiden sind, so ist dieses Verbot nicht so wichtig, wie jenes der reinen Quinten und Octaven, welche überall vermieden werden können. Es entstehen aber heimliche Quinten und Octaven, wenn man von einem andern

Intervalle, das nicht die Quinte ist, durch die *gerade Bewegung* zu einer Quinte kommt; z.B. Nr. 22. bey *a* ist das erste Intervall eine *Terze*, von der in der *geraden Bewegung* zu einer *Quinte* gegangen wird; bey *b* ist das erste Intervall eine *Quarte*, nach welcher in *gerade Bewegung* eine Quinte folgt. Bey *c* und *d* sind Beyspiele von heimlichen Octaven. Bey *e* sind die heimlichen Octaven der vier vorhergehenden Beyspiele durch eine Viertelnote angezeigt.

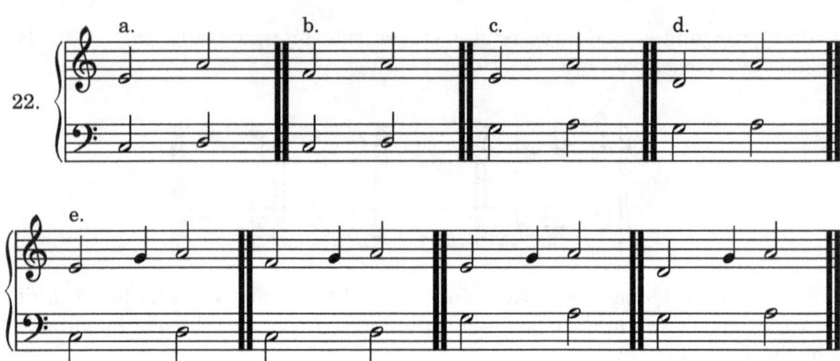

Der bekannte Waldhorngang, wie ihn die Natur gibt, bey Nr. 23 hat heimliche Quinten und Octaven, und niemand findet ihn widerwärtig. Ein feines Ohr und ein geläuterter Geschmack wird die heimlichen Quinten und Octaven leicht vermeiden, welche schlecht klingen.

3.3 Zweytes Kapitel.

Vom ersten Stamm-Accorde und seinen abgeleiteten.

§. 17.

Die ganze Harmonie lässt sich auf zwey Stamm-Accorde zurück führen, davon der erste der *Dreyklang* ist, von dem der *Sexten-Accord* und der *Quart-Sexten-Accord* abgeleitet werden.

§. 18.

Der Dreyklang besteht nebst dem Bass- oder Grundtone aus der *Terze* und *Quinte*; zur vierten Stimme wird die *Octave* genommen. Jedes Intervall wird vom Basstone aufwärts abgezählt.

§. 19.

Der Dreyklang ist vielerley:

Der *harte* (dur), der aus der grossen Terze, reinen Quinte und reinen Octave bestehet, Nr. 24. *a.*

Der *weiche* (moll), der aus der kleinen Terze, reinen Quinte und reinen Octave bestehet, bey *b.*

Der *verminderte* bestehet aus der kleinen Terze, verminderten Quinte und reinen Octave bey *c.* In der Durtonleiter kommt er nun auf der 7. Stufe, und in der Molltonleiter nur auf der 2. Stufe vor.

Der *übermässige* bestehet aus der grossen Terze, übermässigen Quinte und reinen Octave bey *d.* Dieser Accord kommt selten vor. Die übermässige Quinte ist eine Dissonanz, die eine Stufe aufwärts gehet. Statt der Octave ist es oft besser die Terze bey diesem Accorde zu verdoppeln.

Wenn man die harte und weiche Tonleiter durchgehet, so sieht man, welcher Dreyklang jeder Stufe derselben zukommt; z.B.

C-dur:

1. Stufe *c. e. g.* hart.
2. – *d. f. a.* weich.
3. – *e. g. h.* weich.
4. – *f. a. c.* hart.
5. – *g. h. d.* hart.
6. – *a. c. e.* weich.
7. – *h. d. f.* verminderte. Und so in allen Durtonleitern.

A-moll:

1. Stufe *a. c. e.* weich.
2. – *h. d. f.* vermindert.
3. – *c. e. gis.* übermässig.
4. – *d. f. a.* weich.
5. – *e. gis. h.* hart.
6. – *f. a. c.* hart.
7. – *gis.* – – verminderte. Und auf diese Art sind alle Molltonleitern.

Die 7. Stufe allein hat keinen Dreyklang, denn wenn er dreystimmig, das ist mit der Terze und Quinte, oder auch mit verdoppelter Terze gesetzt wird, so ist es darum noch kein Dreyklang, sondern ein Septimen- oder Sextquinten-Accord, wo die Septime oder Sexte verschwiegen wird, wie wir im folgenden Kapitel sehen werden.

§. 20.

Jeder Accord hat *drey Lagen*: z.B. Nr. 25. *a* ist die Terze oben; bey *b* die Quinte; bey *c* die Octave.

§. 21.

Statt der Octave kann öfters die Terze, zuweilen auch die Quinte verdoppelt werden, je nachdem es der vorhergehende oder nachfolgende Accord erfordert. Die Verdoppelung geschieht aber auf zweyerley Art: im *Einklang* Nr. 26. bey *a*; und in der Octave bey *b*.

Oft, wenn beyde Hände sich nahe kommen, muss auch der *Einklang*, das ist, derselbe Ton, den der Bass hat, statt der *Octave* genommen werden.

§. 22.

Es kommt alles darauf an, von einem Accorde zum anderen ohne Fehler fortzuschreiten. Die beste Übung ist hier immer zwey Accorde vor sich zu nehmen; z.B. die Passage bestehet aus vier Accorden, wie Nr. 27. zu sehen ist, nämlich aus dem *C- F- G-* und *C-Accorde*.

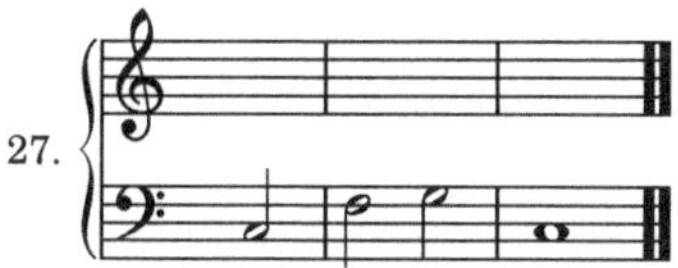

Hiervon nehme man den ersten und zweyten Accord in *allen Lagen und Bewegungen* wie Nr. 28., und untersuche hernach die Quinten und Octaven auf folgende Art; man suche die Quinte im zweyten Accorde auf, und gebe genau Acht, in welcher Stimme, und gegen welche Stimme die *Quinte* ist, und beobachte, *durch welche Bewegung* man vom ersten Accorde zur Quinte des zweyten Accordes gekommen ist. Ist man durch die *Gegen-* oder *Seitenbewegung* zur Quinte gekommen, so ist die Fortschreitung gut, und die Untersuchung hat ein Ende. Ist man aber durch die *gerade Bewegung* zur Quinte des zweyten Accordes gekommen, so sind es entweder offenbare Quinten, wenn im vorhergehenden Accorde auch eine Quinte ist, oder es sind wenigstens heimliche Quinten, wenn im vorhergehenden Accorde keine Quinte, sondern ein anderes Intervall liegt. Die offenbaren Quinten müssen schlechterdings vermieden werden, darin sind alle Lehrer einig, und können auch vermieden werden: die heimlichen Quinten hingegen, denen man nicht immer ausweichen kann, vermeide man nur dann, wann sie dem Gehör anstössig sind. Man sehe den 15. und 16. §.

Mit Untersuchung der Octave gehe man auf die nämliche Art zu Werke wie bey der Quinte, und vermeide die offenbaren Octaven; die heimlichen Octaven sind wie die heimlichen Quinten zu beurtheilen. Die Terze bedarf keiner Untersuchung. Nr. 28. bey *a, d* und *g* ist die *c* im zweyten Accorde gegen den Bass *f* durch die Seitenbewegung gemacht, folglich recht. Die Octave *f* hingegen durch die gerade Bewegung folglich verdächtig: da aber im ersten Accorde *e* gegen *c* im Bass eine Terze ist und keine Octave, so sind es nur heimliche Octaven, und folglich zulässig. Bey *b, e* und *h* ist die Quinte *c* des zweyten Accordes gegen den Bass *f* durch die Gegenbewegung folglich gut. Die Octave gegen den Bass ebenfalls durch die Gegenbewegung. Bey *c, f* und *i* ist ein unnöthiger Sprung, und dann noch durch die gerade Bewegung offenbare Quinten und Octaven, folglich ganz falsch. Es ist aber wohl zu merken, dass die Stimmen nicht verwechselt werden dürften, dass folglich, wenn eine Quinte oder Octave z.B. im Alt gegen den Bass ist, auch das Intervall des Altes gegen den Bass im vorhergehenden Accorde und keine andere Stimme untersucht werden muss.

Es ist aber nicht genug die Quinten und Octaven nur gegen den Bass zu untersuchen, sondern auch die drey übrigen Stimmen müssen unter sich rein seyn. So ist bey *e* die Quinte *c* im Discant gegen den Tenor *f* im zweyten Accorde durch die gerade Bewegung; da aber das vorhergehende Intervall eine Sexte ist, so sind es nur heimliche Quinten, die hier jedoch leicht vermieden werden können, wenn beym zweyten Accorde statt der Octave die Terze *a* im Einklange verdoppelt wird. Bey *i* sind im Discant und Tenor wegen der vorausgegangenen Quinte zwey offenbare Quinten.

Ist die Untersuchung des ersten und zweyten Accordes zu Ende, so nimmt man den zweyten und dritten Accord von Nr. 27. und verfährt auf die nämliche Art, wodurch man die Harmonien bey Nr. 29. erhält. Bey der Untersuchung findet man bey *a, c* und *e* offenbare Quinten und Octaven gegen den Bass, bey *c* noch besonders offenbare Quinten gegen den Tenor. Bey *b, d* und *f* ist die Fortschreitung durch die Gegenbewegung recht.

Zuletzt folgt der dritte und vierte Accord in allen Lagen und Bewegungen, wie bey Nr. 30. zu sehen ist. Bey *a, c* und *e* ist alles durch die Gegen- und Seitenbewegung gut. Bey *b, d* und *f* sind heimliche Quinten. Bey *b* springt die empfindsame Note *h* im ersten Accorde aufs *g* hinab, welches eine schlechte Melodie macht, und daher nichts taugt. Man merke bey dieser Gelegenheit die Regel, dass die empfindsame Note meistens hinauf gehet; ich sage es meistens, weil es Fälle gibt, wo sie hinunter gehet. In den Mittelstimmen nimmt man es damit nicht so genau, indem der Gang bey *d* und *f* zulässig ist. Bey *b* ist überdiess im Discant gegen den Tenor eine heimliche Quinte. Somit ist die Untersuchung dieses Beyspieles zu Ende.

Wenn der Schüler sich diese kleine Mühe nicht verdriessen lässt, sondern sich nur eine kurze Zeit auf solche Art nicht bey den Accorden dieses Kapitels, sondern auch bey den Accorden des folgenden Kapitels, welche in dieser Rücksicht leichter sind, übet, so kann es nicht fehlen, er muss dadurch eine grosse Fertigkeit in der Harmonie erlangen. Ich empfehle demnach diese Art vorzüglich an, weil man den Gang einer jeden Stimme beobachten, und nicht nur Quinten und Octaven, sondern auch andere schlechte Fortschreitungen vermeiden lernet.

§. 23.

Wenn der Bass eine Terze aufwärts oder abwärts mit zwey Dreyklängen springt, so liegen schon allezeit zwey Töne, wie Nr. 31. zeigt.

Dasselbe ist, wenn der Bass eine Sexte springt, wie Nr. 32.

§. 24.

Wenn der Bass eine Stufe steigt oder fällt, so muss die Gegenbewegung genommen werden, um Quinten und Octaven zu vermeiden, Nr. 29.

§. 25.

Wenn in der Molltonleiter die fünfte und sechste Stufe, oder die sechste und fünfte Stufe auf einander folgen, so ist die Gegenbewegung allein nicht genug, sondern es muss bey der sechsten Stufe die Octave weggelassen, und dafür die Terze entweder im Einklang oder in der Octave verdoppelt werden. Z.B. Nr. 33.

und 34.

Es geschieht deswegen, damit die garstige Progression von einer übermässigen Secunde vermieden werde. Man sehe den Fehler bei Nr. 35.

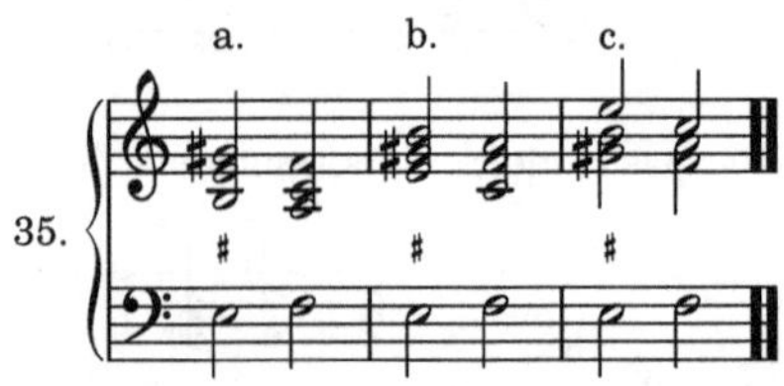

Bey *a* sticht die übermässige Secundenfortschreitung am meisten vor, weil sie in der Oberstimme ist; bey *b* ist sie einem ungeübten Ohre weniger hörbar, weil sie im Alt liegt; aber bey *c* ist zugleich eine heimliche Quinte im Discant gegen den Tenor.

Auch da, wo es nicht schlechterdings nothwendig ist, wird die Terze des Wohlklanges wegen verdoppelt. Man sieht zugleich wie die empfindsame Note ihr Recht behauptet Nr. 36. Bey *a*, wo die empfindsame Note im Alt ist, ist es nicht nothwendig die Terze zu verdoppeln.

§. 26.

Der Einklang vertritt öfters die Stelle der Octave Nr. 37., wie schon erinnert worden.

§. 27.

Da ich alle Beyspiele in der *C*-dur und *A*-moll Tonleiter gebe: so muss der Schüler sie alle in die übrigen Tonleitern übersetzen, um mit denselben genau bekannt zu werden. Wenn dabey jederzeit die Stufe der Tonleiter bezeichnet wird, welche des Bass oder Grundton hat, auf die Art, wie ich es in dieser Anleitung unter jeder Bassnote zeige, so kann man sich davon einen ausserordentlichen Nutzen versprechen.

§. 28.

Jede Stufe der Tonleiter hat einen gewissen Dreyklang, wie wir schon im 19. §. gesehen haben. Die siebente Stufe in der *Dur*-Tonleiter und die zweyte Stufe in der *Moll*-Tonleiter haben den verminderten Dreyklang, z.B. Nr. 38. Der vorletzte Accord kann zu *C*-Dur oder zu *A*-moll gerechnet werden, der letzte Accord aber entscheidet nur für *A*-moll wegen *gis*, welches die empfindsame Note von *A*-moll ist.

Der übermässige Dreyklang ist in der Molltonleiter auf der dritten Stufe zu Hause; z.B. Nr.39. Mit der doppelten Terze klingt er leidenschaftlicher; die Quinte als Dissonanz muss vorbereitet werden.

Übrigens kommt er auch im galanten Style auf anderen Stufen unvorbereitet und im Durchgange vor: z.B. Nr. 40. Die übermässige Quinte ist aber hier eine blosse *chromatische* Note und zur Zierde da, wovon an seinem Orte gesprochen werden soll.

§. 29.

Der Dreyklang wird auf verschiedene Art angezeigt; durch nichts, oder durch 3, 5, 8, $\genfrac{}{}{0pt}{}{5}{3}$, $\genfrac{}{}{0pt}{}{8}{3}$, auch durch die Versetzungszeichen allein. Die Versetzungszeichen, wenn sie allein stehen, bezeichnen allezeit die Terze: gehören sie aber zu andern Ziffern, so müssen sie vor oder nach denselben stehen, wiewohl es unstreitig besser wäre, wenn es überall angenommen würde, die Versetzungszeichen vor die Ziffer zu setzen, wie es bey den Noten gebräuchlich ist, die Copisten würden keine Fehler machen. Es ist auch gebräuchlich statt des Kreuzes einen Strich durch die Ziffer zu machen.

§. 30.

Man gewöhne sich auf die Bezifferung der Accorde überall Acht zu geben, damit man dadurch in den Stand gesetzt werde, sich die Partituren beym Lernen selbst zu beziffern, welches das Accompagnieren derselben Anfangs ungemein erleichtert.

§. 31.

Alle übrigen Dreyklänge, die bloss deswegen Dreyklänge sind, weil sie aus Terze, Quinte und Octave zusammengesetzt werden, aber in keiner Tonleiter gegründet sind, übergehe ich, weil sie von keinem Gebrauche sind; bloss um solche Raritäten kennen zu lernen, habe ich bey Nr. 41. einige angezeigt.

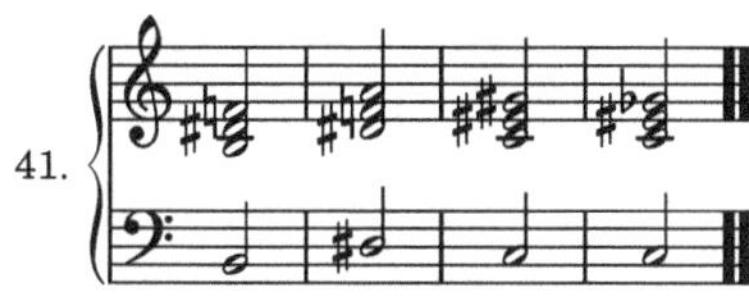

§. 32.

Bey Nr. 42. steht ein Beyspiel von lauter Quinten in der Gegenbewegung, die sonst erlaubt sind: aber hier sind ihrer gewiss zu viel. Gegen die zwey ersten ist allenfalls nichts einzuwenden. Dieses Beyspiel aus einem bekannten Componisten hätte übrigens sehr leicht zu der nämlichen Melodie einen guten Bass haben können.[95]

§. 33.

Bey dem dreystimmigen Accompagnement bleibt entweder die Quinte oder die Octave weg. Die Terze kann niemals wegbleiben.

§. 34.

Bey Nr. 43. stehet ein Beyspiel über alle Dreyklänge, welches wie schon erinnert worden, in alle Tonleitern zu übersetzen ist.

§. 35.

Der *Sexten-Accord*, die erste Verwechselung des Dreyklanges, bestehet aus der Sexte und Terze; zur vierten Stimme wird die Octave genommen, oder die Sexte oder Terze wird entweder im Einklange oder in der Octave verdoppelt, je nachdem es der Accord selbst, oder auch der vorhergehende oder nachfolgende Accord fordert.

Dieser Accord ist der meisten Veränderung fähig; bey Nr. 44. *a* ist die Octave; bey *b* die doppelte Sexte; bey *c* die doppelt Terze zur vierten Stimme genommen worden. Er ist mit 6 bezeichnet.

§. 36.

Die empfindsame Note darf niemals verdoppelt werden, folglich wenn der Sexten-Accord auf der siebenten Stufe vorkommt, muss die Octave wegbleiben, und dafür die Sexte oder die Terze verdoppelt werden. Das Beyspiel Nr. 45. bey *a* ist falsch, bey *b* aber gut.

Wenn der Bass die zweyte Stufe mit dem Sexten-Accorde hat, so ist die Sexte sodann die empfindsame Note, in diesem Falle kann die Octave genommen, oder die Terze verdoppelt werden, Nr. 46. bey *a.* Auch die Quarte kann genommen werden, denn eigentlich ist es hier der *Terzquarten-Accord*, von dem im dritten Kapitel gehandelt werden wird, bey *b.* Bey *c* ist die Lage schlecht.

Ein besonderer Fall verdient angemerkt zu werden bey Nr. 47. *a*, wo die Sexte zwar die empfindsame Note ist, jedoch wegen des darauf folgenden *E-moll-Accordes* verdoppelt werden darf.

Bey Nr.48 *a* ist der nämliche Akkord, aber die Sexte ist hier nicht die empfindsame Note. In diesen beyden Fällen entstehet der Sexten-Accord aus dem verminderten Dreyklange, wie bey Nr. 47. *b*, und 48. *b* zu sehen ist, wo keineswegs die Quarte zur vierten Stimme genommen werden könnte, wie bey Nr. 46. *b*, wo der Sexten-Accord aus dem Terz-Quarten-Accorde durch Weglassung der Quarte entstehet. Es kann jedoch bey Nr. 47. und 48. auch die Octave und die doppelte Terze gebraucht werden. Der Fall bey 47. *c* ist wie bey 47. *a* zu beurtheilen. Der bey 48. *c* braucht, glaube ich, keine Erklärung.

§. 37.

Eine durch ein Kreuz oder Auflösungszeichen erhöhte Note ist gemeiniglich die empfindsame Note, wie bey Nr. 49. zu sehen. Bey *a* muss die Terze nicht *f*, welches die verminderte Terze ist, sondern *fis* seyn, wie es die Tonleiter *E-moll* mit sich bringt. Bey *b* ist das *e* im Bass zwar die dritte Stufe; da sie aber zu sehr der siebenten Stufe von *F* ähnlich sieht, so ist es viel besser, die Octave wegzulassen, und die Sexte oder Terze zu verdoppeln.

Bey Nr. 50. habe ich ein Paar Beyspiele gesetzt, wo das erhöhte *fis* nicht die empfindsame Note ist, und zwar bey *a*, und bey *b* die Sexte.

§. 38.

Wenn mehrere Sexten-Accorde bey einem stufenweise auf- oder abwärts gehendem Basse vorkommen, so kann als vierte Stimme die Octave und die doppelte

Sexte abgewechselt werden Nr. 51.

Bey geschwinder Bewegung kann hier und in andern Fällen die vierte Stimme ganz wegbleiben, und der Sexten-Accord dreystimmig gespielt werden wie Nr. 52. bey *a*. Jedoch muss die Sexte oben seyn, weil sonst Quinten erscheinen wie bey *b*, wenn der Bass stufenweise gehet.

§. 39.

Wenn der Sexten-Accord in der Quintenlage genommen wird, das ist, wenn die Terze oben, die Sexte unten, und die Octave mitten liegt, kann man ohne Fehler weiter kommen; z.B. Nr. 53. bey *a* sind zwey Octaven, bei *b* zwey Quinten.

Es ist kein anderer Ausweg, als die Quinte beym zweyten Accorde zu verdoppeln, wie bey *c*. Beym Quart-Sext-Accorde kommt unter Nr. 57. noch ein Beyspiel vor, welches einen ähnlichen Sexten-Accord hat.

§. 40.

Im Beyspiele Nr. 54. kann die Octave nicht genommen werden, weil sie eine übermässige Secunde fortschreiten würde, welches eine schlechte Melodie macht: es wäre denn, dass die Octave in die Quinte abwärts spränge, wie bey *a*, welches sodann das getheilte oder zerstreute Accompagnement seyn würde.

§. 41.

Die *übermässige Sexte* kommt nur auf der sechsten Stufe der Molltonleiter vor, und ist ein blosser *chromatischer* (zufällig erhöhter) Ton. Diese Sexte ist eine Dissonanz, hat jedoch in der galanten Schreibart[96] keine Vorbereitung vonnöthen. Zur vierten Stimme leidet sie nur die doppelte Terze, und bey der Auflösung geht die Sexte gemeiniglich hinauf, wie Nr. 55. bey *a.* Bey *b* geht sie herab. Einige nehmen die Octave zur vierten Stimme, aber mir gefällt sie nicht, weil sie erstens doch nicht gut klingt; hernach wegen der verminderten Terze weder im Alt, noch weniger im Discant seyn kann; und bey der Auflösung eine Quinte hinabspringen muss, wie bey *c*, wobey doch alle Mal verdeckte Quinten entstehen. Die übermässige Sexte hat auch oft die Quinte oder die Quarte bey sich, wodurch ein *Quintsexten-* und ein *Terzquarten-Accord* entstehet, von denen im folgenden Kapitel gehandelt werden wird.

Wenn die Sexte durch ein Kreuz oder Auflösungszeichen erhöhet ist, muss man sogleich untersuchen, ob sie einen Ton unter der Octave steht, wodurch man die übermässige Sexte erkennen kann.

§. 42.

Von der verminderten Sexte habe ich bey Nr. 56. ein Paar Beyspiele zur Schau hergesetzt und zwar bey *a* im Durchgange; bey *b* mit der Vorbereitung, damit sie einem Schüler, wenn er sie ja in einer Composition findet, nicht fremd seyen. In die Bezifferung ist es ohne diess sehr überflüssig solche kurze Schönheiten zu bringen, denn ich glaube, jeder Componist würde sie wie bey *c*, nicht wie bey *a* und *b* beziffern. Übrigens ist diese verminderte Sexte nichts anders als eine *chromatische* (zufällig erniedrigte) Note, wofür in diesem Beyspiele statt *b* die *diatonische* Note *h* gesetzt werden kann, und im Bass *d* statt *dis*, als welches der Tonleiter *A*-moll eigen ist; inzwischen hat jeder Componist seinen eigenen Geschmack. Zur vierten Stimme habe ich die Septime gewählt. Für den Begleiter ist die blosse Terz genug.

§. 43.

Der *Quart-Sexten-Accord* ist die zweyte Verwechslung des Dreyklanges, indem die Quinte zum Bass wird. Er bestehet aus der Quarte und Sexte; zur vierten Stimme wird die Octave, selten die Sexte und noch seltener die Quarte verdoppelt. Er kommt gewöhnlich nur auf der ersten und fünften Stufe vor. Die Quarte ist bey diesem Accorde consonirend. Bey Nr. 57. ist ein Beyspiel, wo man bey dem Sexten-Accorde in der Lage bey *a* ohne Fehler nicht weiter kommen kann, man müsste denn zur Noth beym Quart-Sexten-Accorde die Quarte verdoppeln wie bey *b*.

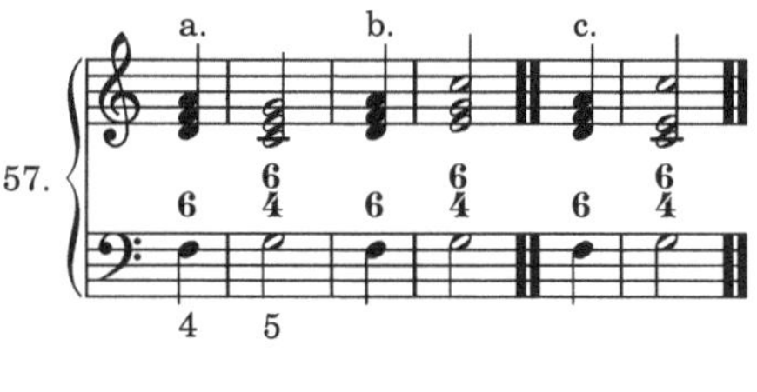

§44.

Bey Nr. 58. ist ein Beyspiel über den Sexten- und Quart-Sexten-Accord zur Übung.[97]

3.4 Drittes Kapitel.

Vom zweyten Stamm-Accorde und seinen abgeleiteten.

§. 45.

Der zweyte Stamm-Accord ist der Septimen-Accord, welcher aus der Septime, Quinte und Terze bestehet. Die Septime ist eine Dissonanz, kommt mit und ohne Vorbereitung vor, und gehet bey der Auflösung eine Stufe herab. Manchmal bleibt sie, so wie andere Dissonanzen, auf derselben Stufe liegen, und löset sich erst in der Folge auf. Man untersuche jede Stufe der harten und weichen Tonleiter, um zu sehen, was für Septimen-Accorde entstehen.

C-dur:

1. Stufe *c. e. g. h.*
2. – *d. f. a. c.*
3. – *e. g. h. d.*
4. – *f. a. c. e.*
5. – *g. h. d. f.*
6. – *a. c. e. g.*
7. – *h. d. f. a.*

A-moll:

1. Stufe *a. c. e. gis.*
2. – *h. d. f. a.*
3. – *c. e. gis. h.*
4. – *d. f. a. c.*
5. – *e. gis. h. d.*
6. – *f. a. c. e.*
7. – *gis. h. d. f.*

Woraus man die Verschiedenheit der Septimen-Accorde sieht. Einige klingen gut, andere schlecht; einige noch schlechter, das ist, sie dissoniren mehr oder weniger.

§. 46.

Aus dem Septimen-Accorde entstehen drey andere Accorde, wenn nämlich aus der vierstimmigen Harmonie immer ein anderer Ton zum Bass genommen wird. Bey Nr. 59. *a* ist der *Septimen-Accord* mit seiner Bezifferung; bey *b* der *Quint-Sexten-Accord*, der aus der Terze, Quinte und Sexte bestehet mit seiner Bezifferung; bey *c* der *Terz-Quarten-Accord*, der aus der Terze, Quarte und Sexte bestehet mit seiner Bezifferung; und bey *d* der *Secunden-Accord*, der aus der Secunde, Quarte und Sexte bestehet mit seiner Bezifferung.

§. 47.

Derjenige Ton, so die *Septime* ist, wie Nr. 59. das *f*, ist bey der Versetzung jederzeit die *Dissonanz*, folglich ist beym Quint-Sexten-Accord die *Quinte*, beym Terz-Quarten-Accorde die *Terze*, und beym Secunden-Accorde der Bass die Dissonanz, welche auf die nämliche Art wie die Septime behandelt werden muss. Man sieht also, dass auch die Terze und die Quinte zu Dissonanzen werden.

Erinnerung. Man findet öfters den Quint-Sexten-Accord, besonders in älteren Compositionen, wenn die Quinte vermindert ist, mit *5*, oder gar mit *b 5* wie bey Nr. 60. bezeichnet.

Die letzte Bezifferung ist schon an sich falsch, weil das *b* einen ganz anderen Zweck hat; und überdiess wird der verminderte Dreyklang eben so beziffert, welches Verwirrung und Zweydeutigkeit verursachet, welche zu heben Emanuel Bach den Vorschlag machte: den verminderten Dreyklang mit einem Bogen über der Quinte anzuzeigen, welches jedoch von wenigen Componisten beobachtet worden. Wenn man den Quint-Sexten-Accord allezeit mit $^6_5$ beziffert, so fällt die Zweydeutigkeit weg. Auch der verminderte Septimen-Accord wird auf die Art, wie bey Nr. 61., beziffert gefunden: allein die Bee sind ganz und gar überflüssig und unrecht. Ich habe diese Bezifferungsart aus der Ursache erinnert, damit ein Schüler, wenn er sie findet, nicht erschrecke.

§. 48.

Den Septimen-Accord und seine drey abgeleiteten theile ich in vier Classen, und zeichne die ersten drey Classen durch eine besondere Benennung aus, bloss aus der Ursache, um sie den Schülern desto kennbarer zu machen, und zwar: die erste Classe nenne ich die *karakteristische*, die zweyte die *enharmonische*; die dritte die *zweydeutige*; die vierte Classe bedarf keiner Unterscheidung.

§. 49.

Die Accorde der ersten drey Classen haben dieses Besondere, dass sie *erstens* in der galanten Schreibart keiner Vorbereitung bedürfen; *zweytens* dass sie eine gewisse Stufe in der Tonleiter haben, auf der sie nur allein vorkommen können, wodurch man also überall erkennet, in welche Tonleitern ein Stück ausweichet, auch wenn mit jedem Accorde die Tonleiter sich ändern sollte; *drittens*, dass man durch die Accorde der zwey ersten Classen von einer Tonleiter in die andere ausweichen lernen kann, welches *moduliren* heisst, wie wir in der Folge sehen werden.

§. 50.

Bevor ich weiter gehe, gebe ich folgendes *Schema*, um den Sitz der Accorde leichter übersehen zu können:

	k. e.		*k. e.*	*k.*	*ü. e.*	*k. e.*
5 6 7	4 6		3 4	5 6	5	6
3. 4. 2.	5. 5.	6.	3. 2. 3.	3. 4. 7.	3. 6. 2.	5. 7.
I.	II.	III.	IV.	V.	VI.	VII.

Die sieben lateinischen Zahlen bedeuten die sieben Stufen, welche jede Dur- und Molltonleiter enthält, und die hier jeden Bass- oder Grundton bezeichnen, auf welchem jeder Accord seinen Sitz hat. Aus dem 19. §. kennen wir schon die Dreyklänge, wie sie jeder Stufe eigen sind, hier sind nur die vorzüglichsten angemerkt. So kommt auch der Sexten-Accord auf jeder Stufe vor; auf dem *Schema* ist der übermässige Sexten-Accord mit ü auf der sechsten Stufe angemerkt. Der Quart-Sexten-Akkord ist auf der ersten und fünften Stufe zu Hause. Das übrige wird in der Folge erkläret.

§. 51.
Die erste Classe

auf dem Schema mit *k* bezeichnet enthält die *charakteristischen* Accorde.

Die fünfte Stufe jeder Dur- und Molltonleiter enthält den *charakteristischen* Septimen-Accord. Er ist aus seinem angenehmen Klange leicht zu erkennen, so dass man nicht nothwendig hat, die *grosse* Terze, die *reine* Quinte und *kleine Septime*, aus welchen Intervallen er bestehet mühsam abzuzählen. Statt der Quinte kann auch die Octave, ja beyde zugleich genommen werden. Seine natürliche Auflösung ist in den Hauptdreyklang, nämlich jenen der ersten Stufe bey Nr. 62.

Manchmal löset er sich auch in den Quart-Sexten-Accord der fünften Stufe auf, wie Nr. 63.

Die Terze ist dabey allezeit die empfindsame Note, welche nie verdoppelt werden darf, und meistens eine Stufe in die Höhe gehet, welches auch die Ursache ist, dass der Gang bey Nr. 64. passiret wird, wo die Septime nicht gehörig aufgelöset wird.

Dessen ungeachtet kann dieser Satz doch regelmässig gemacht werden, nämlich mit der Octave statt der Quinte, wie Nr. 65. bey *a*; oder mit der doppelten Octave beym Dreyklange wie bey *b*; oder mit der doppelten Terze bey *c*; oder mit der Quinte und Octave zugleich, wie bey *d*. Ist die empfindsame Note in einer Mittelstimme, so nimmt man es nicht so genau, und lässt sie auch herabgehen, wie bey *e*.

§. 52.

Ich bin nicht der Meinung derjenigen, welche lehren, dass in dem Falle, wo eine Dissonanz unvorbereitet eintritt, dagegen eine Consonanz vorbereitet werden müsse. Diesen Zwang halte ich für überflüssig, weil eine solche Vorbereitung öfters von selbst da ist, manchmal aber gar nicht möglich ist, wie bey Nr. 66. zu sehen.[98]

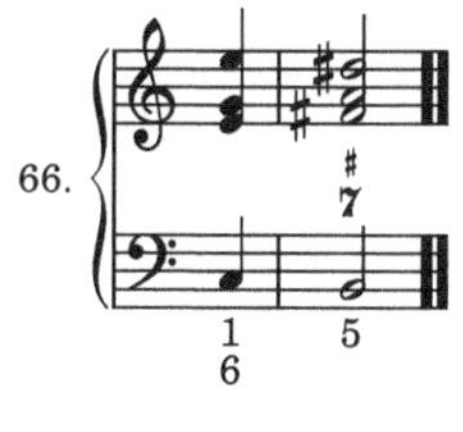

§. 53.

Der *charakteristische Quint-Sexten-Accord* kommt bloss auf der siebenten Stufe jeder Dur- und Molltonleiter vor, und löset sich natürlich in den Hauptdreyklang der Tonleiter auf, wie bey Nr. 67.

§. 54.

Der *charakteristische Terz-Quarten-Accord* ist auf der zweyten Stufe jeder Dur- und Molltonleiter, und löset sich natürlich in den Dreyklang der ersten Stufe, oder auch in den Sext-Accord der dritten Stufe auf, wie Nr. 68. bey *a* und *b* zu sehen ist.

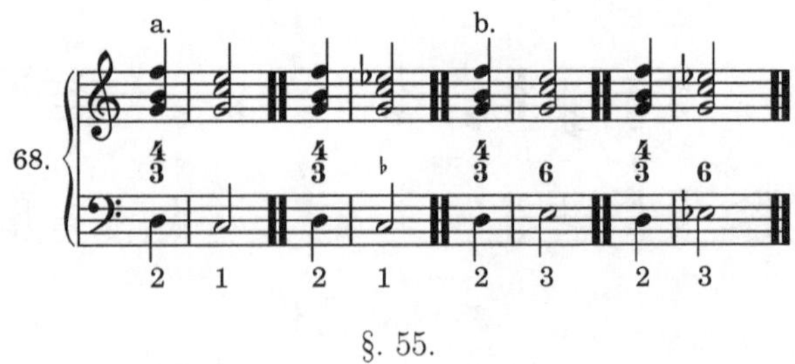

§. 55.

Der *charakteristische Secunden-Accord* hat seinen Sitz auf der vierten Stufe jeder Dur- und Molltonleiter, der Bass ist hier die Dissonanz und tritt bey der Auflösung eine Stufe abwärts, und zwar in die dritte Stufe mit dem Sexten-Accorde, wie bey Nr. 69.

§. 56.

Ich habe hier jederzeit die natürliche oder ungekünstelte Auflösung gezeigt, aber alle diese Accorde können verschiedene Wendungen nehmen, und in fremde Tonleitern übergehen, die ein aufmerksamer Schüler überall in Compositionen beobachten wird. Hier nur einige Beyspiele bey Nr. 70., wo ein *charakteristischer* Accord sich in einen anderen charakteristischen Accord auflöset. Um dergleichen Wendungen zu verstehen und dem Gedächtnisse leicht einzuprägen, gebe man auf den Gang des Basses wohl Acht; z.B. bey Nr. 70. geht der Bass im ersten Exempel $\frac{1}{2}$ Ton in die Höhe, und bekommt sodann den charakteristischen Quint-Sexten-Accord, folglich muss der Bass auf der siebenten Stufe stehen. Dieses versuche man in den anderen Tonleitern, und verfahre auf die nämliche Art mit den übrigen Beyspielen.

§. 57.

Die Dissonanz muss bey diesen Accorden herabgehen, ich setze aber zwey Beyspiele bey Nr. 71. her, wo die Dissonanz hinauf gehet. So etwas kommt, wiewohl es dem Ohre nicht wehe thut, doch selten vor.

§. 58.

Die zweyte Classe

auf dem *Schema* mit *e* gezeichnet, enthält die *enharmonischen Accorde*, von denen ein jeder seine gewisse Stufe doch einzig und allein in der Molltonleiter hat. Ich habe die Accorde der ersten Classe die charakteristischen genannt, weil sie die charakteristische oder empfindsame Note in sich enthalten. Die Accorde der zweyten Classe nenne ich die *enharmonischen*, weil jeder Ton aus einem solchen Accorde auf zweyerley Art betrachtet werden kann; z.B. Nr. 72. bestehet der Accord aus *cis, e, g, b*. Jeder dieser vier Töne kann verwechselt werden, und zwar das *cis* bey *a* und *b* mit *des* das *e* bey *b* mit *fes*, das *g* bey *c* mit doppel-*fis*, und das *b* bey *c* und *d* mit *ais*; wodurch jedes Mal ein anderer Accord und eine andere Tonleiter entstehet, wie hier deutlich zu sehen ist: der erste Accord gehört zu *D*-moll; der bey *a* zu *F*-moll; der bey *b* zu *As*-moll; der bey *c* zu *Gis*-moll; und der bey *d* zu *H*-moll. Man kann sich dadurch überzeugen, dass wir die enharmonischen und überraschenden Ausweichungen dem Clavier und der Orgel zu verdanken haben. Ein Geiger oder anderer Instrumentist konnte auf seinem Instrumente keine solche Entdeckungen machen, denn *cis* zum Beyspiele und *des*, welche zwey Töne auf dem Clavier eine gemeinschaftliche Taste haben, haben auf der Violine jedes seinen eigenen bestimmten Finger; daher kommt auch die grosse Schwierigkeit auf den Geigen-Instrumenten bey enharmonischen Verwechslungen.

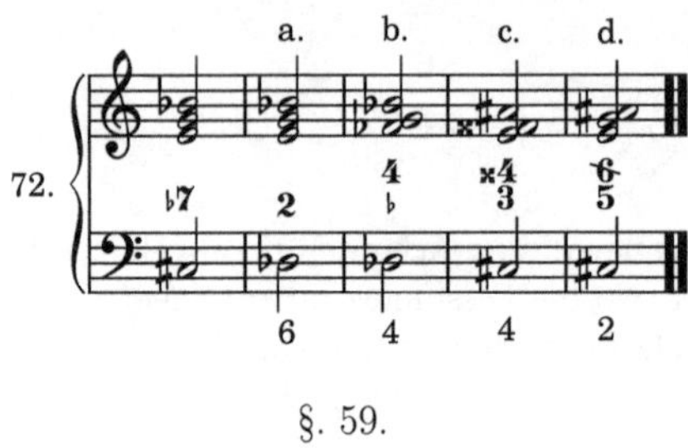

§. 59.

Die enharmonischen Accorde sind, wie gesagt, nur den Molltonleitern eigen, wenn sie aber in einem Stücke, welches in Dur ist, gebraucht werden, so werden sie gleichsam nur für den Augenblick aus der Molltonleiter entlehnet. Zum Beyspiele Nr. 73. bey *a* ist der charakteristische Quint-Sexten-Accord in *C*-dur, statt dessen wird nun sehr oft der auf der nämlichen Stufe stehende enharmonische Septimen-Accord aus *C*-moll gebraucht, wie bey *b*. Auf diese Art wird statt des charakteristischen Terz-Quarten-Accordes auf der zweyten Stufe bey *e* der auf der nämlichen Stufe stehende enharmonische Quint-Sexten-Accord gebraucht, wie bey *d*. Und für den charakteristischen Secunden-Accord auf der vierten Stufe bey *e*, der auf derselben Stufe stehende enharmonische Terz-Quarten-Accord, wie bey *f*. Diese Verwechslungen kommen sehr häufig vor, je nachdem der Componist eine stärkere Leidenschaft ausdrücken will, wie jedermann fühlen muss, dass die enharmonischen Accorde mehr dissoniren, als die charakteristischen. Seltner kommt der enharmonische Secunden-Accord auf der sechsten Stufe bey *g* für den charakteristischen Septimen-Accord bey *h* vor.

§. 60.

Wiewohl die enharmonischen Accorde stärker dissoniren, als die charakteristischen, so haben doch viele Anfänger Mühe diese Accorde von einander zu unterscheiden. Für diese gebe ich folgendes Kennzeichen: bey den enharmonischen Accorden stehet jedes Intervall vier Tasten weit vom andern: z. B. der Accord *cis, e, g, b*. Das *e* ist von *cis* die vierte Taste wie *g* von *e*, und *b* von *g*, welches bey dem charakteristischen nicht ist. Wenn jedoch der Accord in Compositionen zerstreut vorkommt, wie Nr. 74. bey *a*, so muss er zusammen gezogen werden, wie bey *b*, indem die oberen Töne hinab, oder die unteren hinauf gebracht werden, um dieses Kennzeichen zu haben.

§. 61.

Das *Schema* im 50. §. weiset aus, welche Stufe der Bass bey jedem charakteristischen und enharmonischen Accorde haben muss, woraus man sodann die erste Stufe erkennen kann: inzwischen geschieht es, dass ein Ungeübter Schwierigkeit hat, besonders in den Tonleitern mit viel Kreuzen und Been, die erste Stufe zu finden; in diesem zähle man

von der 2. Stufe 3 Tasten abwärts,
von der 4. Stufe 6 Tasten abwärts,
von der 5. Stufe 6 Tasten aufwärts,

und von der 6. Stufe, nämlich beym übermässigen Sexten-Accorde und beym enharmonischen Secunden-Accorde, welche beyde nur in der Molltonleiter vorkommen können, fünf Stufen aufwärts, und man hat dadurch jederzeit die erste Stufe. Die siebente Stufe ist in jeder Tonleiter, sie sey dur oder moll, einen halben Ton unter der ersten.

§. 62.

Die natürliche Auflösung der enharmonischen Accorde ist folgende:

Der *Septimen-Accord* hat nach sich die erste Stufe mit dem Dreyklange, wie Nr. 75. bey *a*.

Der *Quint-Sexten-Accord* hat nach sich die erste Stufe mit dem Dreyklange, oder die dritte Stufe mit dem *Sexten-Accorde*, wie bey *b.*
Der *Terz-Quarten-Accord* hat nach sich die dritte Stufe mit dem *Sexten-Accorde* wie bey *c.*
Der *Secunden-Accord* hat nach sich die fünfte Stufe mit einem der drey Accorde, die im *Schema* über der fünften Stufe angezeigt sind, wie bey *d.*

§. 63.

Die künstlichen Wendungen, so die enharmonischen Accorde nehmen, sind sehr mannigfaltig. Es braucht nur Geduld und Fleiss, um sie in Compositionen zu beobachten und zu untersuchen. Bey Nr. 76. stehen verschiedene Auflösungen zur Probe da;

Bey *a* des *Septimen-Accordes.*
Bey *b* des *Quint-Sexten-Accordes.*
Bey *c* des *Terz-Quarten-Accordes.*
Bey *d* des *Secunden-Accordes.*

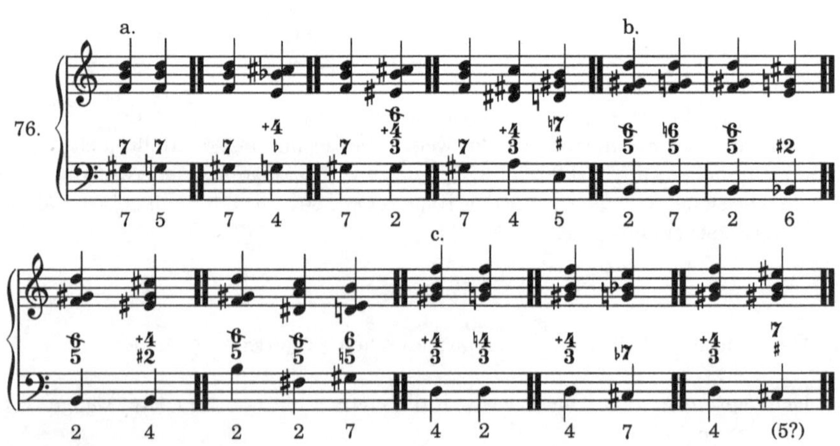

§. 64.

Es ist sehr vorteilhaft, die harmonischen Accorde auf dem Clavier finden zu lernen, ohne Rücksicht, wie die Töne heissen, ob es nämlich *cis* oder *des*, *dis* oder *es*, *f* oder *eis* sey. Man lerne den enharmonischen Accord zu *c*, zu *cis*, zu *d*, u.s.f. wie sie bey Nr. 77. stehen. Weil nur eigentlich drey solcher Accorde sind, die übrigen neun aber blosse Versetzungen, so sind diese Accorde nicht so schwer zu finden, als es den Anschein hat.

77.

§. 65.

Wenn man auf die angezeigte Art die enharmonischen Accorde leicht finden gelernt hat, so mache man den Versuch, durch die charakteristischen und enharmonischen Accorde in die *verwandten* Tonleitern auszuweichen. Welches die verwandten und entfernten Tonleitern sind, ist im 7. §. gelehrte worden. Das Verfahren ist aber folgender Gestalt: wenn das im 50. §. erwähnte Schema auf ein besonders Papier geschrieben hat, um es nebst dem Zirkel Nr. 1. beständig vor Augen zu haben, so darf man sich nur einen charakteristischen oder enharmonischen Accord wählen, und denselben auf derjenigen Stufe der Tonleiter, in die man übergehen will, nehmen, auflösen, und im Falle man endigen will, durch eine Cadenz, welche gewöhnlich auf der fünften Stufe mit dem Quart-Sext-Accorde ist, auf den der charakteristische Septimen-Accord folgt, auf der ersten Stufe schliessen. Bey Nr. 78. ist mit den charakteristischen Accorden eine Probe gegeben, und zwar:

bey *a* in *A*-moll
bey *b* in *F*-dur
bey *c* in *D*-moll
bey *d* in *G*-dur, und
bey *e* in *E*-moll.

Bey den Molltonleitern ist die empfindsame Note nicht zu vergessen, wesswegen der 5. §. zu wiederholen ist.

Ich habe überall einen Schluss beygefügt, um auch darin ein Muster zu geben, und Accorde von allen vier Classen eingemischt, weil die dritte und vierte Classe, die noch nicht abgehandelt worden, keine Schwierigkeit enthält. Sollte jedoch jemand wider Verhoffen irre werden, so kann derselbe vorher alle vier Classen durchgehen, und hernach zum gegenwärtigen §. zurück kehren.

Der Übergang in eine andere Tonleiter muss nicht eben beym Dreyklange, sondern kann auch bey einem davon abstammenden Sexten- und Quart-Sexten-Akkorde, je nachdem es sich schickt, gemacht werden. Auch um die verminderte Terze zu vermeiden, erinnere man sich immer, in welcher Tonleiter man ist, und welche Vorzeichnung sie hat.

Bey Nr. 79. gebe ich nun auch Muster, durch die enharmonischen Accorde in die verwandten Tonleitern überzugehen, wobey aber zu erinnern ist, dass man durch dieselben eigentlich nur in die Molltonleitern ausweichen sollte, weil sie nur in den Molltonleitern zu Hause sind: da man sich aber, wie schon erinnert worden, in der galanten Musik viel Freyheit nimmt, und, glaube ich, mit Recht nehmen kann, so muss man, wenn man durch einen enharmonischen Accord in eine Durtonleiter ausweichen will, sich bey demselben auf einen Augenblick die Molltonleiter vorstellen, z.B. statt *g*-dur *g*-moll; statt *f*-dur *f*-moll; und sodann den Schluss in dur machen.

Die Beyspiele sind von C-Dur

bey *a* in *A*-moll,
bey *b* in *F*-dur,
bey *c* in *D*-moll,
bey *d* in *G*-dur, und
bey *e* in *E*-moll.

§. 66.

In alle übrigen nicht verwandten Tonleitern gehet man durch die enharmonischen Accorde allein, indem man die im Schema vorgeschriebene Stufe derjenigen Tonleiter, in die man gehen will, mit ihrem vorgeschriebenen Accorde nimmt. Um den Übergang angenehmer und fliessender zu machen, kann nach dem enharmonischen Accorde der auf derselben Stufe im Schema stehende charakteristische Accord genommen werden. Nach dem enharmonischen Secunden-Accorde muss in diesem Falle, weil die sechste Stufe keinen charakteristischen Accord hat, der charakteristische Septimen-Accord der fünften Stufe genommen werden.

80.

Ich gebe bey Nr. 80. ein Muster[99] von *C*-dur in *Fis*-dur; und bey Nr. 81. von *C*-dur in *Es*-moll überzugehen. Wer die enharmonischen Accorde auf die Art, wie im 54. §. gelehret wurde, gut geübt hat, wird hierbey wenig Schwierigkeit finden.

81.

§. 67.

Wenn auch dadurch die Art, in entfernte Tonleitern auszuweichen, nicht erschöpft ist, so wird man doch dadurch in Stand gesetzt, andere in Compositionen vorkommende Fälle danach zu beurtheilen, und seine Kenntnisse zu bereichern. Zum Beyspiele eine andere Art in *Fis*-dur von *C*-dur auszuweichen, der ich eine Erläuterung beyfügen will; der Gang bey Nr. 82. ist so zu verstehen: die erste Stufe *c* mit dem Dreyklange denke man sich als fünfte Stufe von *f*-moll, so ist man natürlich ungezwungen in *f*-moll,

auch auf diese Art in *As*-dur bey Nr. 83.,

so gar in *As*-moll bey Nr. 84.;

und in *Ges*-dur bey Nr. 85.;

betrachtet man den *Des*-Dur-Accord wie *Cis*-dur, so kommt man dadurch in *Fis*-dur, wie bey Nr. 86.

§. 68.

Noch eine Aufgabe will ich beyfügen, die vermuthlich zur Aufklärung beytragen wird.

Nach einem Dur- oder Moll-Dreyklange, er mag heissen wie er will, kann einer von den zwölf enharmonischen Accorden, welche im 64. §. und bey Nr. 77. angeführet worden, genommen werden. Jeder von den vier Tönen, aus denen der enharmonische Accord bestehet, kann um einen halben Ton herab gesetzt werden, wodurch man viererley Wendungen bekommt. Wenn demnach ein Ton herab gesetzt worden, die übrigen drey aber beybehalten werden, bekommt man einen charakteristischen Accord; um aber diesen nebst der Tonleiter gleich zu erkennen, so merke man, dass der solchergestalt herab gesetzte Ton jedes Mal die fünfte Stufe ist, woraus man folglich gleich die Tonleiter nebst der Stufe, die der Bass hat, mit seinem charakteristischen Accorde finden kann.

Man sehe

die erste Wendung bey Nr. 87. Bey *a* ist der *C*-Accord; bey *b* der gewählte enharmonische Accord, hier als Terz-Quarten-Accord; bey *c* ist der Bass einen halben Ton tiefer gerückt, folglich ist *cis* die fünfte Stufe von *Fis*-dur oder *Fis*-moll; diese hat den charakteristischen Septimen-Accord, welchen man jedoch denken und schreiben muss, wie bey *d*; nachher kann der *Fis*-dur- oder *Fis*-moll-Accord folgen.

Die zweyte Wendung Nr. 88. Bey *a* ist der *C*-Accord; bey *b* der enharmonische; bey *c* ist der Tenor einen halben Ton herab ins *e* gerückt, dieses *e* ist die fünfte Stufe von *A*-dur oder *A*-moll, folglich muss der Bass die vierte Stufe seyn; worauf der charakteristische Secunden-Accord seinen Sitz hat.

Die dritte Wendung Nr. 89. Bey *a* und *b* wie vorhin: bey *c* ist der Alt einen halben Ton herab ins *g* gerückt, welches die fünfte Stufe von *C*-dur oder *C*-moll ist, der Bass muss demnach die zweyte Stufe mit dem charakteristischen Terz-Quarten-Accorde seyn.

Die vierte Wendung Nr. 90. Bey *a* und *b* wieder wie vorhin; bey *c* ist der Discant ins *b* herab gesetzt, welches die fünfte Stufe von *Es*-dur oder *Es*-moll ist, folglich muss der Basston *d* die siebente Stufe seyn, worauf der charakteristische Quint-Sexten-Accord ist, welcher aber der Tonleiter gemäss wie bey *d* gedacht und geschrieben werden muss.

§. 69.
Die dritte Classe

enthält die Accorde, welche ich die *zweydeutigen* nenne, weil sie nur in einem einzigen Falle zu dieser Classe gehören. Sie stehen auf der nämlichen Stufe wie die enharmonischen Accorde, nur mit dem Unterschiede, dass die zweydeutigen der Dur-Tonleiter, so wie die enharmonischen der Moll-Tonleiter angehören.

Wenn nach dem Septimen-Accorde der siebenten Stufe in der Dur-Tonleiter der Dreyklang der ersten Stufe folget, wie Nr. 91., und wenn der Quint-Sexten- und Terz-Quarten-Accord sich in die dritte Stufe mit dem Sexten-Accorde auflöset, wie Nr. 92., so ist diess der einzige Fall, der diese Accorde zur dritten Classe qualificirt; die Dissonanz bedarf sodann keiner Vorbereitung, und hat überdies noch das Eigene, dass sie beym Quint-Sexten- und Terz-Quarten-Accorde von dieser Classe allezeit oben seyn muss. Beym Septimen-Accorde kann auch die verminderte Quinte, ausserordentlich selten die Terze in der Oberstimme seyn. Der Secunden-Accord kommt in dieser Classe gar nicht vor, weil der Bass nicht oben stehen kann. Man probire die Accorde bey Nr. 92. in ihren übrigen Lagen, so wird man sich von ihrer Härte und Steife überzeugen.

Um diese Accorde zu beziffern, so schreibt man $\genfrac{}{}{0pt}{}{5}{6}$ statt $\genfrac{}{}{0pt}{}{6}{5}$ und $\genfrac{}{}{0pt}{}{3}{4}$ statt $\genfrac{}{}{0pt}{}{4}{3}$, so dass die kleinere Ziffer oben stehet. Die Octave darf bey dem Septimen-Accorde nicht genommen werden.

Nimmt der Bass eine andere Wendung, wie z.B. Nr. 93., so muss die Dissonanz vorbereitet werden, man kann alle Lagen brauchen, die Octave kann beym Septimen-Accorde genommen werden, und sie gehören sodann sämmtlich in die folgende vierte Classe, und sind in den Beyspielen mit einem einfachen Kreuze angezeigt.

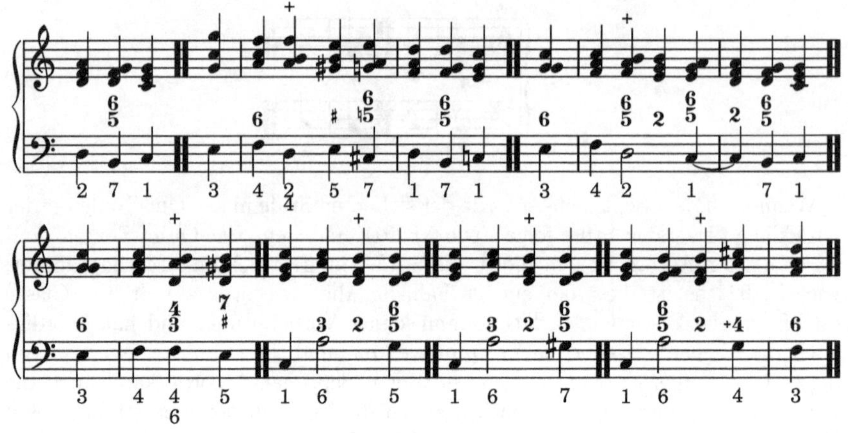

§. 70.
Die vierte Classe

enthält alle übrigen Septimen-Accorde und die von denselben abgeleiteten, die keine besondere Aufmerksamkeit verdienen, denn sie verändern die Tonleiter nicht, und kommen auf allen übrigen Stufen der Tonleiter vor, wo kein charakteristischer, enharmonischer oder zweydeutiger Accord seinen Platz hat. Die Dissonanz muss gehörig vorbereitet werden. Der Septimen-Accord hat zur vierten Stimme die Quinte, oder die Octave, oder die doppelte Terze. Die übrigen drey Accorde bleiben in ihren Intervallen die nämlichen. Zur Übung dienet das Beyspiel Nr. 94.

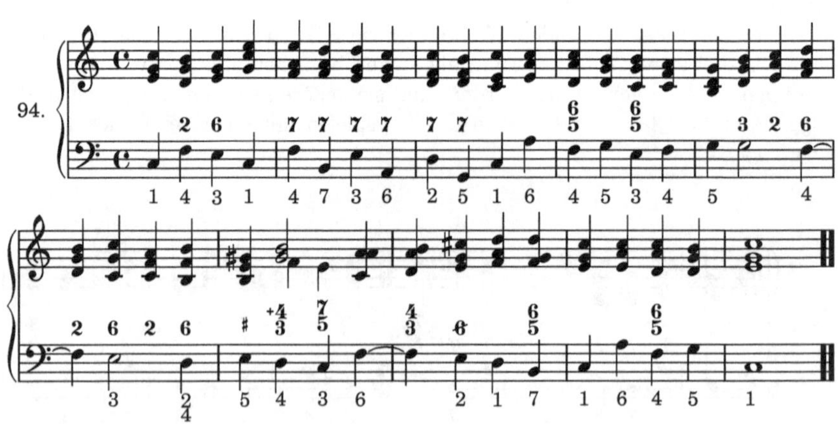

§.71.

Manchmal kommen die Dissonanzen im Durchgange vor. Ob die Intervalle oder der Bass durchgehet, gilt gleich. Bey Nr. 95. sind Beyspiele davon. Bey *a* ist der Septimen-Accord; bey *b* der Quint-Sexten-Accord; bey *c* der Terz-Quarten-Accord; und bey *d* der Secunden-Accord durchgehend.

§. 72.

Es gibt noch eine sehr brauchbare Art von *Terz-Quarten-* und *Quint-Sexten-Accorden*, bey denen die Sexte allezeit übermässig ist, man könnte demnach füglich den *übermässigen Sexten-Accord mit der Quarte*, und den *übermässigen Sexten-Accord mit der Quinte* nennen. In Ansehung der übermässigen Sexte mit der doppelten Terze, sehe man den 41. §. In jeder Rücksicht ist dieser Accord, der nur auf der sechsten Stufe in der Molltonleiter vorkommen kann, auf dem Schema mit ü (übermässig) bezeichnet. Diese Sexte ist eine Dissonanz, bedarf aber keiner Vorbereitung, und gehet bey der Auflösung meistens hinauf. Die Terze beym Terz-Quarten-, und die Quinte beym Quint-Sexten-Accorde bleiben dessen ungeachtet auch Dissonanzen. Beyspiele davon sind bey Nr. 96.

Wenn die zweyte Stufe der Moll-Tonleiter erniedrigt wird, so hat man einen erzwungenen übermässigen Sexten-Accord, der aber nichts heisst, denn der darauf folgende Molldreyklang klingt äusserst schlecht, wie bey *a*. Vielleicht will mancher Componist dadurch die Originalität des Individuums behaupten, die Harmonie gewinnt aber sicher nichts.

§. 73.

Anhang

Der so genannte *grosse Septimen-Accord*, welcher mit $\begin{smallmatrix}7\\2\end{smallmatrix}$ oder mit $\begin{smallmatrix}7\\4\\2\end{smallmatrix}$ beziffert, und auf dem Schema der ersten Stufe angezeigt ist, weil er nur auf dieser Stufe in Dur und Moll vorkommt, verdient wegen seines häufigen Gebrauchs eine besondere Erinnerung. Zur Begleitung sind vier Stimmen jederzeit hinlänglich: in Compositionen aber kommt er sehr oft fünfstimmig vor, und so wollen wir ihn kennen lernen. Er wird auf dreyerley Art gebraucht und zwar so, dass nebst den vier gewöhnlichen Intervallen das fünfte entweder die Quinte, oder die kleine Sexte oder die grosse Sexte ist. Seine Entstehung ist folgender Gestalt: man nehme einen charakteristischen Septimen-Accord, z.B. *g, h, d, f* aus der C-Dur- oder C-moll-Tonleiter, und setze als Bass die erste Stufe *c* hinzu, so hat man den grossen Septimen-Accord mit der Quinte, welchen man daher füglich den *charakteristischen grossen Septimen-Accord* nennen könnte. Man sehe Nr. 97.

Nimmt man den enharmonischen Septimen-Accord z.B. aus *C*-moll: *h, d, f, as,* und fügt die erste Stufe als Bass hinzu, so hat man den grossen Septimen-Accord mit der kleinen Sexte, welchen man den *enharmonischen Septimen-Accord* nennen könnte. Nr. 98.

Nimmt man ferner den zweydeutigen Septimen-Accord von *C*-dur, als *h, d, f, a,* und setzt die erste Stufe als Bass hinzu, so entstehet der grosse Septimen-Accord mit der grossen Sexte, welche letztere allezeit in der Oberstimme seyn muss, als ursprüngliche Septime auch hier am stärksten dissonirt, und folglich nichts weniger als eine Consonanz ist. Man könnte ihn ebenfalls den *zweydeutigen grossen Septimen-Accord* nennen. Siehe Nr. 99.

Man probire diese dreyerley Accorde in allen Lagen, und man wird finden, dass die ersten zwey in allen Lagen, der letzte aber nur in der angezeigten einzigen Lage gut ist.

§. 74.

Diese drey Accorde kommen mit und ohne Vorbereitung vor, gemeiniglich aber ist der Bass vorbereitet; z.B. Nr. 100.

Ein auffallendes Beyspiel aus einer *Beethovenschen* Sonate steht bey Nr. 101. Es ist eine Art von *Ostinato* (einer Figur in der Composition).

§. 75.

Aus dem *enharmonischen* und *zweydeutigen* Septimen-Accorde entstehet auch ein besonderer *Sept-Nonen-Accord*, wenn man erwähnten zwey Septimen-Accorden die fünfte Stufe der Tonleiter als Bass unterlegt, wie Nr. 102. bey *a* und *b* zu sehen ist.

Dieser Sept-Nonen-Accord wird bey liegendem Bass ohne Vorbereitung, wie Nr. 103 bey *a* und *b*[100] zu sehen ist, gebraucht, und unterscheidet sich sehr von einem andern Sept-Nonen-Accorde im 81. §.

b.
7
6
4
5
3
9
7
8
6
4
#7
2
♭9
♮7
8
7
6
#7
4
2
6
4
5
3

3.5 Viertes Kapitel.

Von den übrigen Accorden.

§. 76.

Wenn ein oder mehrere Intervalle des Dreyklanges sammt seines abgeleiteten, und des Septimen-Accordes ebenfalls sammt [sic!] seinen abgeleiteten verzögert werden, so entstehen eine Menge Accorde, von denen hier nur die vorzüglichsten, die nämlich am öftersten vorkommen, angeführt werden. Die Verzögerung (Retardation) geschieht aber auf folgende Art: bey Nr. 104. unter *a* steht allezeit ein natürlich aufgelöster Satz, unter *b* aber ist solcher mit der Verzögerung vorgestellt. Die Verzögerungen des Basses, die man auch Vorausnahmen (Anticipationen) nennet, können oft deutlicher durch einen Strich angezeigt werden, so wie die letzten zwey Beispiele von Nr. 104.

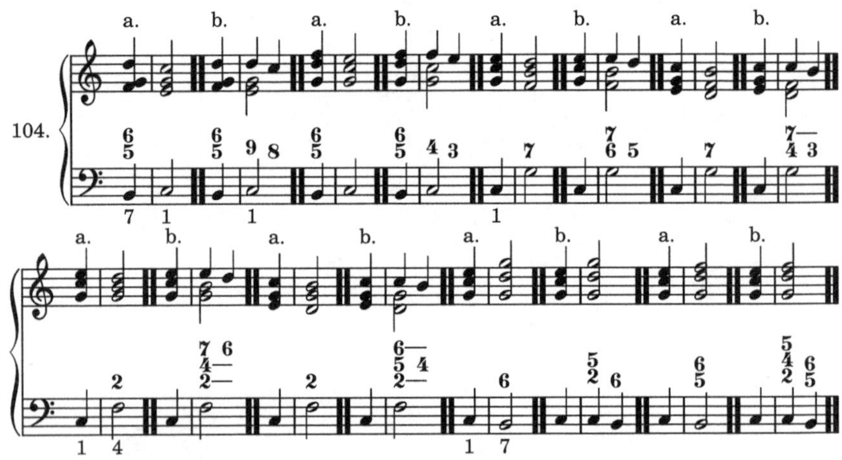

bey Nr. 105. vorgestellt sind. Der Accord von der folgenden Note wird nämlich schon zu vorhergehenden angeschlagen.

§. 77.

Die Verzögerungen, die man auch *Vorhalte* nennet, sind dem Componisten leicht, denn durch dieselben, so wie durch Vorschläge aller Art, die sich von selbst anbieten, verschönert er seine Melodie und Harmonie: dadurch entstehen zuweilen die wunderlichsten Accorde. Der Componist weiss oft nicht, wie er sie beziffern soll. Manchmal ist auch gar keine Möglichkeit da, sie zu beziffern. Öfters leidet der Accord nur eine einzige Lage. Alles dieses soll der Begleiter auf der Stelle treffen, worüber der Componist Zeit gehabt hat, nachzudenken. Welche unbillige Forderung! aber wer fordert das? Diejenigen Componisten, welche, da sie oft nicht wissen, was accompagniren ist, alle Kleinigkeiten beziffern. Der Begleiter soll nur den Sänger unterstützen und im Tone erhalten, folglich ist es nur nothwendig die Hauptzüge anzudeuten, und die Verzierungen dem Sänger allein zu überlassen. In der galanten Musik kommen die Vorschläge von oben wie von unten vor, wie bey Nr. 106. zu sehen ist.

Wie oft gehet der unterhalbe Ton vor den Intervallen her? wie bey Nr. 107. *a*; oder wie bey *b*. wo die wenigste Zeit auf das Intervall kommt; oder wie bey *c*, wo der untere halbe Ton und die obere Stufe dem Intervalle vorausgehet.

Bey der Bezifferung sollen nur die Haupt-Accorde angezeigt werden, auf die Art, wie bey Nr. 108. zu sehen ist.

Vielleicht kommt die Zeit, wo man auch dem Organisten in der Kirche durch Noten, und nicht durch unzulängliche Ziffern vorschreiben wird, was er zu spielen hat.[101] Wie schön könnte desselben Begleitung vom Componisten manchmal eingerichtet werden, statt dass man sie jetzt sehr oft elend und steif findet. Gemeiniglich sind die Organisten ohne Geschmack, welchem gut Kirchen-Componisten eine ganz andere Richtung geben könnten, freylich nicht durch profane Gaukeleyen, sondern durch solche Musik, wie sie der Kirche und der erhabenen Orgel zukommt.

§. 78.

Der *Nonen-Accord* bestehet aus $\begin{smallmatrix}9\\5\\3\end{smallmatrix}$. Die None ist Dissonanz und gehet eine Stufe herab; die übermässige None aber gehet hinauf. Beyspiele davon sind bey Nr. 109.

Manchmal findet man die None aufwärts aufgelöset wie bey Nr. 120. Man kann als eine Regel annehmen, dass die Dissonanz in denjenigen Ton aufzulösen ist, der verzögert wird.[102]

Beyspiele stehen bey Nr. 111.

Die None unterscheidet sich von der Secunde bloss durch die Bezifferung. Die None ist bey allen Accorden, wo sie mit 9 geschrieben wird, Dissonanz: dagegen ist die Secunde, wo sie auch mit 2 geschrieben wird, eine Consonanz, wie bey allen Secunden-Accorden, wo der Bass dissonirt.

Es ist nicht nothwendig, dass der Bass die Auflösung einer Dissonanz abwarte, sondern er kann seinen Gang fortgehen, wie es der Componist für gut findet. Die None kann demnach in allerhand Intervalle sich auflösen. Zur Probe dienet Nr. 112. Bey *a* löset sich dieselbe auf in die Secunde; bey *b* in die Terze; bey *c* in die Quarte; bey *d* in die Quinte, bey *e* in die Sexte; und bey *f* in die Septime.[103]

112. a. b. c. d. e. f.

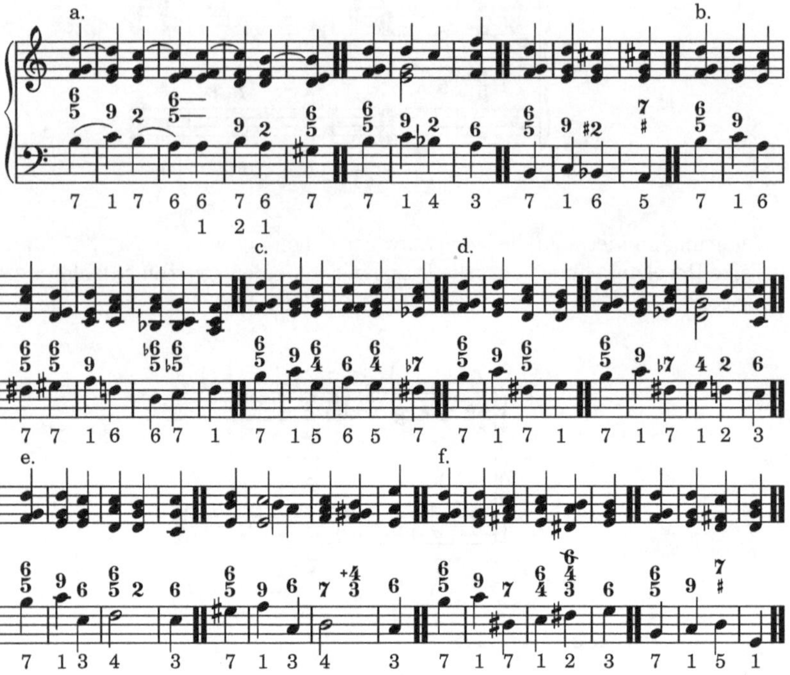

§. 79.

Der *Quart-Nonen-Accord* bestehet aus $\overset{9}{\underset{4}{5}}$. Die Quarte und die None sind die Dissonanzen, und gehen bey der Auflösung herunter. Siehe Nr. 113.

§. 80.

Der *Sext-Nonen-Accord* bestehet aus $\begin{matrix}9\\6\\3\end{matrix}$. Die None gehet als Dissonanz herab. Siehe Nr. 114.

114.

§. 81.

Der *Sept-Nonen-Accord* bestehet aus $\begin{matrix}9\\7\\3\end{matrix}$. Die Septime und die None gehen herab. Siehe Nr. 115.

115.

§. 82.

Der *Quart-Quinten-Accord* bestehet aus $\begin{matrix}8\\5\\4\end{matrix}$. Die Quarte ist die Dissonanz, und gehet herab. Siehe Nr. 116. Im vierten Tact tritt die Quarte im Durchgange frey ein; sie ist nichts als ein Vorschlag.

116.

§. 83.

Der *Quart-Septimen-Accord* bestehet aus $\begin{smallmatrix}7\\4\end{smallmatrix}$, zur vierten Stimme kommt entweder die Quinte oder die Octave. Siehe Nr. 117.[104]

117.

§. 84.

Der *Sext-Septimen-Accord* bestehet aus $\begin{smallmatrix}7\\6\\5\end{smallmatrix}$, wovon die Sexte und die Septime Dissonanzen sind, und herab gehen. Siehe Nr. 118. Er ist von dem *enharmonischen und zweydeutigen grossen Septimen-Accorde* im 73. §. sehr unterschieden, indem er die Terze, die andern aber die Secunde und Quarte zur Begleitung haben.

118.

§. 85.

Der *Secund-Quinten-Accord* $\begin{smallmatrix}5\\2\end{smallmatrix}$, hat zur vierten Stimme entweder die doppelte Secunde, oder die doppelte Quinte, je nachdem die Lage ist; der Bass ist die Dissonanz; die Secunde aber eine Consonanz.

§. 86.

Der *Secund-Quart-Quinten-Accord* $\begin{smallmatrix}5\\4\\2\end{smallmatrix}$, hat ebenfalls die Dissonanz im Bass. Von diesen zwey letzten Accorden sehe man die Beispiele bey Nr. 104. am Ende.

3.6 Fünftes Kapitel.

Von dennoch einigen nothwendigen Kenntnissen.

§. 87.

Schon im 6. §. ist gesagt worden, dass jede Dur- und Molltonleiter *diatonisch* sey, wenn die Vorzeichnung, und in den Molltonleitern die empfindsame Note beobachtet wird. Dieses vorausgesetzt, nenne ich jeden zufällig erhöhten oder erniedrigten diatonischen Ton, ohne dass man durch denselben in eine andere Tonleiter gehe, *chromatisch*. *Chromatisch* ist also jede Note, welche wegen ihrer zufälligen Erhöhung oder Erniedrigung nicht zur Tonleiter gehört, und für welche man die diatonische Note setzen kann. Es ist nothwendig dieses zu wissen, um Compositionen zu verstehen. Beyspiele werden die Sache deutlich machen. Ich stelle Nr. 119. den melodischen Satz auf.

Ohne Harmonie bestimmt derselbe nichts.

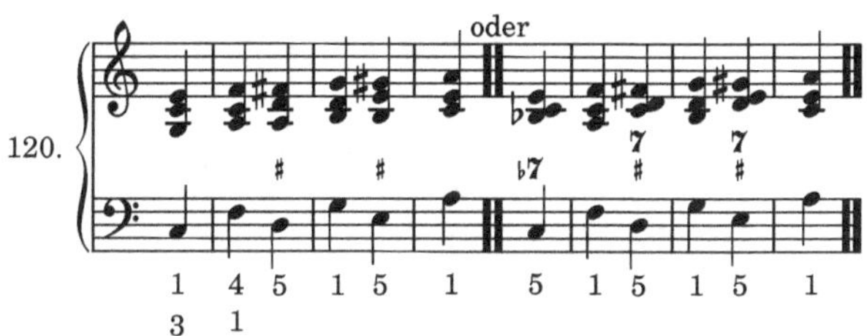

So wie aber bey Nr. 120. die Harmonie dazu kommt, entscheidet sie im dritten Accorde für die *G*-dur- und im fünften Accorde für die *A*-moll-Tonleiter, folglich sind die Noten *fis* und *gis* nicht chromatische, sondern diatonische, das ist wesentlich zu der Tonleiter *G*-dur und *A*-moll gehörige Töne.

Setzt man aber die Harmonie, wie bey Nr. 121., so ist *fis* und *gis*, so wie das *dis* im Bass *chromatisch*, denn man kann sich statt *fis f*, statt *gis g* und im Bass statt *dis d* denken, und der Satz ist *diatonisch* wie bey Nr. 122.: weil die Tonleiter durch keinen der erhöhten Töne verändert wird.

§. 88.

Bey Nr. 123. stehen mehrere Beyspiele, die bey *a chromatisch*, bey *b* aber *diatonisch* gesetzt sind. Das letzte Beyspiel gehört unter die Orgelpuncte, von denen im 94. §. gesprochen wird, und das vorletzte von *Cherubini* kann nur in der angezeigten Lage seyn, wo *h* gegen *des* eine übermässige Sexte macht; in den andern zwey Lagen aber eine verminderte Terze entstünde. Man versuche es und höre.

Bey Nr. 124. *a* ist ein Beyspiel aus einer Oper von *Cherubini*, welches jemand für so viele Tonleitern, als Dreyklänge darin enthalten sind, erklärte. Bey *b* ist es diatonisch gesetzt.

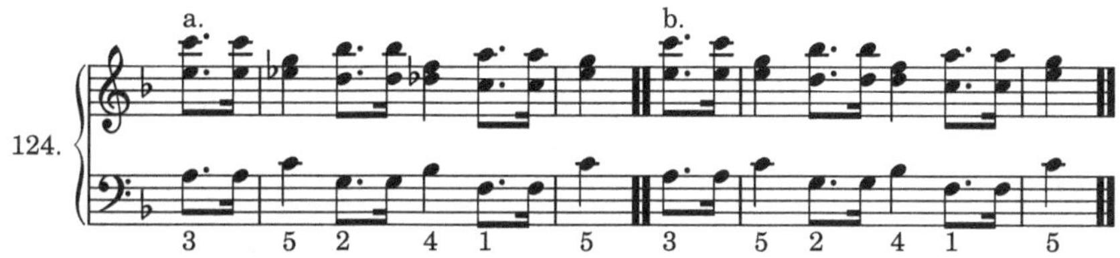

Bey Nr. 125. *a.* ist ein chromatisches Beyspiel aus einer Sonate von Beethoven in *c*-moll, welches bey *b* diatonisch gesetzt ist.

§. 89.

Auf der vierten Stufe der Molltonleiter kommt häufig ein chromatischer Sexten-Accord vor, wo die Sexte zufällig erniedriget wird. Siehe Nr. 126. bey *a* chromatisch *b* diatonisch.

Bey Nr. 127. tritt dieser Satz aus der Tonleiter hinaus, wie der charakteristische Secunden-Accord beweiset, wozu der chromatische Sexten-Accord die Gelegenheit macht.

§. 90.

Auch die übermässige Sexte ist nichts als ein chromatischer Ton, indem man statt derselben die grosse Sexte, wie sie die Tonleiter gibt, substituiren kann. Nr. 128. *a* ist chromatisch; *b* diatonisch. Von der übermässigen Sexte, welche sehr leidenschaftlich klingt, und in Theater- und andern Compositionen gewiss sehr gute Dienste leistet, schreibt *Fux* im *gradus ad parnassum*, dass er ihren Gebrauch nie habe billigen können, und dass er sie anführe, um sie zu vermeiden. In ernsthaften Compositionen gewiss sehr richtig gesprochen.

§. 91.

Zu den chromatischen Tönen gehört unstreitig der untere halbe Ton, welcher vor den Intervallen hergehet, wie Nr. 129. zu sehen ist; wo der halbe Ton bey *a* vor der Septime; bey *b* vor der Quinte; bey *c* vor der Terze; und bey *d* vor dem Bass stehet. Alle Compositionen wimmeln davon.

Bey Nr. 130. steht ein Beyspiel aus einer Variation von *Beethoven*;

und bey Nr. 131. eines aus einer von meinen Sonaten, wo nebst dem unteren halben Tone noch die obere Stufe dem Intervalle voraus gehet.

§. 92.

Das Beyspiel bey Nr. 132. ist unmöglich als chromatisch zu erklären, denn es bestehet, den ersten und letzten Septimen-Accord ausgenommen, aus lauter charakteristischen Septimen-Accorden, wo jedes Intervall diatonisch ist. Ich wiederhole demnach, dass nach meinen Begriffen nur die siebente Stufe jeder Tonleiter die *empfindsame Note* ist, und diese Auszeichnung verdient: alle übrigen zufällig erhöheten Töne aber blosse chromatische Töne sind, welche die Tonleiter nicht ändern. Das *gis* in *A*-moll, das *dis* in *E*-moll u. s. w. ist diatonisch, das ist wesentlich zur Tonleiter gehörig, und nicht chromatisch, wenn auch diese Töne in der Vorzeichnung nicht enthalten sind. Jede andere Lehre von *Chromatik* war mir allezeit dunkel und verwirrt, und muss es auch jedem Schüler seyn.

§. 93.

Eine *enharmonische* Tonleiter kenne ich ebenfalls nicht, wohl aber enharmonische Accorde, von denen vom 59. bis 68. §. genug geredet worden. Her nur noch ein Beyspiel Nr. 133. von einer enharmonischen Verwechselung; das *f* bey *a* wird bey *b* in ein *eis* verwandelt;

und bey Nr. 134. stehet die sogenannte *Teufelsmühle*, welche, wie man sieht, aus dem charakteristischen und enharmonischen Septimen-Accorde und dem Quart-Sexten-Accorde bestehet, wobey der Bass immer einen halben Ton steiget. Sie kann auch zurück gespielt werden. Herr Abt Vogler nennt diesen Gang in seinem Handbuche zur Harmonielehre u. s. w. die chromatische Leiter, von der ich aber als Leiter keinen Begriff habe.

§. 94.

Einen *Orgelpunkt* nennt man, wenn der Bass auf der ersten oder fünften Stufe mehrere Tacte hindurch liegen bleibt, die Harmonie aber ihren Gang fortgehet. Diese Orgelpuncte sind nicht immer möglich zu beziffern, weil bisweilen die einfachsten Accorde gegen den immer liegen bleibenden Bass die wunderlichste Gestalt bekommen. Wenn der Componist unvernünftig genug ist, solche unverständliche Sachen zu beziffern, so hat der Organist das Recht, die Harmonie unbegleitet vorüber gehen zu lassen, wie schon von *Emanuel Bach* gelehret worden. Wenn aber doch ein Accompagnement nothwendig seyn sollte, so könnte die unterste Mittelstimme auf die Art, wie bey Nr. 135. beziffert werden, wo die Accorde sodann deutlich sind.[105]

§. 95.

In der galanten Schreibart kommen viele Stellen bey einem liegen bleibenden Tone mit lauter Terzen vor, welche durch die Versetzung auf dreyerley Art erscheinen können, nämlich der bleibende Ton kann in jede Stimme versetzt werden, wie bey Nr. 136.

Werden die Terzen in Sexten verwandelt, so entstehen noch drey Versetzungen, wie bey Nr. 137.

Mit eingemischten chromatischen Tönen, wie bey Nr. 138.;[106]

und mit syncopirten Noten bey Nr. 139. Diese Stellen sind alle nur dreystimmig.

§. 96.

Der *Durchgang* ist *regelmässig* und *unregelmässig.* Der regelmässige Durchgang ist, wenn von zwey oder mehreren Bassnoten nur die erste einen Accord bekommt, wie bey Nr. 140.

Man nennet die Noten, die keinen besonderen Accord bekommen, *durchgehende* Noten. Der unregelmässige Durchgang aber ist, wenn der Accord der zweyten Note zur ersten angeschlagen werden muss. Man nennt dieses *Wechselnoten,* und sie zeigt sie am bequemsten durch einen Querstrich an, wie bey Nr. 141. Auch die Melodie hat ihre durchgehenden und Wechselnoten.

Ein Beyspiel bey Nr. 142. von regelmässigem,

und bey Nr. 143. von unregelmässigem Durchgange.

§. 97.

Die Begleitung nennet man *eng*, wenn die Stimmen so nahe beysammen liegen, dass die rechte Hand sie allein spielt, und die linke sich bloss mit dem Basse beschäftiget, welches das gewöhnliche Accompagnement ist; oder *zerstreut*, wenn die Stimmen unter beyde Hände vertheilt sind. Man darf nur den Alt von dem Beyspiele bey Nr. 144. *a* eine Octave tiefer setzen, wie bey *b*, so hat man das getheilte oder zerstreute Accompagnement. Die *vermischte* Begleitung wird aus der *engen* und *zerstreuten* zusammen gesetzt.[107]

§. 98.

Die *Modulation* bestehet in der Mischung verschiedener Tonleitern. Ein Stück, aus einem Tone gesetzt, würde uns bald zum Ekel werden, wenn es nicht in andere Tonleitern überginge. Durch die *charakteristischen* und *enharmonischen* Accorde kennet man allezeit die Tonleiter, weil sie eine gewisse Stufe in derselben haben, das Stück mag in verwandte oder entfernte Tonleitern ausweichen. Die verwandten Tonleitern stehen mit der Haupttonleiter, in welcher das Stück anfängt und endigt, in so naher Verbindung, dass sie alle Augenblicke zu Gebote stehen. Ich habe zum

Beyspiele den ersten Theil einer Menuett von 8 Tacten hergesetzt, wo alle fünf verwandten Tonleitern angebracht sind, wie bey Nr. 145. zu sehen ist. Man stosse sich daran nicht, dass die Menuet mit dem charakteristischen Secunden-Accorde anfängt; man gebe nur bey Compositionen Acht, und gewöhne sich über alles zu denken, so wird man mehrere Entdeckungen machen.

§. 99.

Zum Beschluss rathe ich einem jeden Generalbass-Schüler, jede Dur- und Molltonleiter nach dem Schema im 50. §. von Stufe zu Stufe, wie das Muster bey Nr. 146. zeiget, und zwar in allen Lagen durchzugehen, oder auch bald diese bald jene Stufe sich zu wählen, und die charakteristischen und enharmonischen Accorde mit ihrer natürlichen Auflösung zu üben, wie im 51. 53. 54. 55. und 62. §. gelehret worden.

Wenn dieses geschehen, so mache man den Versuch nicht in verwandte, sondern auch in entfernte Tonleitern auszuweichen und benützte das, was im 56. 63. 64. 65. 66. und 68. §. gesagt worden. Es verstehet sich aber von selbst, dass man auf die nämliche Art, wie man von *C* in alle übrigen Tonarten gehen kann, auch von *Cis*, *D*, *Es*, *E*, u. s. f. in alle übrigen Tonleitern ausweichen könne. Durch eine solche Übung lernt man nicht nur die Verbindung der Tonleitern unter sich genau kennen, sondern man erlangt nach und nach eine Fertigkeit auf eine gewisse Art zu fantasiren, wenn die Accorde auch bloss arpeggirt werden: gibt man sich über diess noch die Mühe, wenn es eine ist, die Melodie zu beobachten, und die Figuren derselben, wie sie auf die Accorde in Compositionen gebauet sind, aufmerksam zu betrachten und zu dechifriren, so vermehret man seine Kenntnisse mit jedem Tage, und das Vergnügen an Musik und der Genuss derselben wird dadurch ausserordentlich erhöhet.

---

4 Nachwort von Daniel Hensel

Weigls Dissertation legt nahe, sich mit Emanuel Förster und seiner vermeintlichen Wirkung auf Beethoven eingehender zu beschäftigen, denn es kann nicht völlig ausgeschlossen werden, daß Förster und Beethoven sich gegenseitig beeinflußt haben. Es wäre dringend an der Zeit, daß eine umfangreiche Studie zum Werke Emanuel Aloys Förster gestartet wird, ebenso wie es an der Zeit wäre, den Komponisten Karl Weigl eingehender zu untersuchen, denn auch über sein Werk ist nicht viel bekannt. Die Notenbeispiele Weigls sagen uns bereits viel über Försters kompositorische Mannigfaltigkeit.

Die erstaunlichen Parallelen der Biographien Försters und Weigls wurden hier aufgezeigt, so waren beide mit den Großen ihrer Zeit bekannt und befreundet und als Pädagogen geschätzt, und beide fielen der Vergessenheit anheim, denn sie waren als Komponisten in einer Zeit des Stilumbruchs auf der Höhe ihres Könnens und wurden von den darauffolgenden jungen Generationen schlicht nicht mehr beachtet.

Försters Anleitung zeigt uns ein Denken, wie wir es nicht erwartet hätten: die Fixierung auf die Baßstufe einer Tonleiter, von der aus die Harmonien gebildet werden und eben nicht die Bezugnahme auf den jeweiligen Grundton. Die Tonleiter dient als Grundlage für die Harmonik, sozusagen als Makrokosmos, die Skala als Spielfigur, als Mikrokosmos. Man sieht, daß seine Baßstufenfixierung sich deutlich von der Stufenfixierung späterer Zeiten unterscheidet.

Die gesamte Reichhaltigkeit der klassischen Harmonik wurde hier von Förster aufgezeigt und verbalisiert, auch schließt er Beispiele Beethovens und Cherubinis aus der damaligen neuen Musik mitein. Ab dem 112. Beispiel sehen wir eine zunehmend hochartifizelle Harmonik, die in die Richtung Schuberts und vor allem Schumanns weist. In diesen Beispielen können zudem Phänomene wie parallele Septimen und Nonen beobachtet werden.

Es wäre wünschenswert, wenn man in Zukunft Analysen der Werke der Klassiker nicht nur mit funktionstheoretischen Bezeichnungen lesen müßte, sondern die gedachten Zusammenhänge mit den Mitteln der damaligen Epoche darstellen würde. Es sei dringend zu Studienzwecken geraten, die Ausführungen Wolfgang Buddays in dessen Harmonielehre zu Rate zu ziehen, sollten einem die Förster'schen Ausführungen hier und da unklar geblieben sein.

Anmerkungen

[1]Zsolt Gárdonyi und Hubert Nordhoff, Harmonik. Ein Lehrwerk, überarbeitete und verbesserte Neuauflage, Wolfenbüttel 2002, S.15

[2]Wolfgang Budday, Harmonielehre Wiener Klassik. Theorie-Satztechnik-Werkanalyse, Stuttgart 2002

[3]Wolfgang Budday, Grundlagen musikalischer Formen der Wiener Klassik: an Hand der zeitgenössischen Theorie von Joseph Riepel und Heinrich Christoph Koch dargestellt an Menuetten und Sonatensätzen (1750-1790), Kassel 1983

[4]Budday, Harmonielehre Wiener Klassik, S.17

[5]Budday, Harmonielehre, S.17

[6]Vgl. Budday, ebda.

[7]Ebda.

[8]Ebda.

[9]Ebda.

[10]Ebda.

[11]Ebda.

[12]Ebda.

[13]Ebda.

[14]Ebda.

[15]Vgl. Budday, S.19

[16]Vgl. Budday, S.20

[17]Vgl. Budday, ebda., S.21

[18]Noch Bruckner erwähnt in seinen Vorlesungen über Harmonielehre und Kontrapunkt Marpurg und Kirnbergers Bücher! Anm d. Hrg.

[19]Budday, ebda.

[20]Vgl. Wolfgang Budday, Harmonielehre, S.21

[21]Vgl. Budday, ebda., S.21

[22]Vgl. Budday, S.20

[23]Marko Zdralek, Vorlesung an der Hochschule für Musik, Würzburg 2009

[24]Vgl. Budday, Harmonielehre Wiener Klassik, S.20ff.

[25]Wolfgang Budday, Grundlagen musikalischer Formen der Wiener Klassik: an Hand der zeitgenössischen Theorie von Joseph Riepel und Heinrich Christoph Koch dargestellt an Menuetten und Sonatensätzen (1750 - 1790), Kassel 1983

[26]Karl Weigl: Emanuel Aloys Förster, in: Sammelbände der Internationalen Musikgesellschaft. Heft 2, 1905, S.274-314

[27]The Karl Weigl Papers, Biographical Information, in: The Irving S. Gilmore Music Library of Yale University, http://webtext.library.yale.edu/xml2html/Music/wgl-d.htm

[28]Vgl. Artikel über Karl Weigl, in: Die Musik in Geschichte und Gegenwart: Weigl (Familie), S. 2. Digitale Bibliothek Band 60: Die Musik in Geschichte und Gegenwart, S.80168 (Vgl. MGG Bd. 14, S.384-385) (c) Bärenreiter-Verlag 1986

[29]Vgl. Ebda.

[30]Vgl. Ebda.

[31]Karl Weigl, in: inspired by Mahler, Mahler 2010/2011, Broschüre, Universal Edition Wien 2010, S.47

[32]Vgl. The Karl Weigl Papers, Biographical Information, in: The Irving S. Gilmore Music Library of Yale University, http://webtext.library.yale.edu/xml2html/Music/wgl-d.htm

[33]Vgl. The Karl Weigl Papers, Biographical Information, in: The Irving S. Gilmore Music Library of Yale University, ebda.

[34]Vgl. Ebda.

[35]Vgl. Ebda.

[36]Vgl. Ebda.

[37]Vgl. Ebda.

[38]Ebda.

[39]Vgl. Ebda.

[40]Vgl. Ebda.

[41]Vgl. Ebda.

[42]Vgl. Ebda.

[43]Arnold Schönberg in einem Empfehlungsschreiben für Karl Weigl, in: inspired by Mahler, Mahler 2010/2011, Broschüre, Universal Edition Wien 2010, S. 47

[44]Es ist interessant, wie die Querverbindungen in der Musikwelt verlaufen. Denn vom Amerikaner und Weigl-Schüler Charles Rosen empfingen die deutsche Musiktheorie und Musikwissenschaft wiederum wertvolle Impulse in der Betrachtung des klassischen Stils. Anm. d. Verf.

[45]Vgl. The Karl Weigl Papers, Biographical Information, in: The Irving S. Gilmore Music Library of Yale University, http://webtext.library.yale.edu/xml2html/Music/wgl-d.htm

[46]Vgl. Ebda.

[47]Vgl. Ebda.

[48]Vgl. Ebda.

[49]Vgl. Ebda.

[50]Vgl. Ebda.

[51]Vgl. Ebda

[52]Vgl. Ebda.

[53]Vgl. Ebda.

[54]Vgl. Ebda.

[55]Vgl. Ebda.

[56]Vgl. Ebda.

[57]Vgl. Ebda.

[58]Vgl. Ebda.

[59]Ebda.

[60]Ebda.

[61]Vgl. Ebda.

[62]Vgl. Ebda.

[63]Vgl. Ebda.

[64]Vgl. Ebda.

[65]Die Musik in Geschichte und Gegenwart: Weigl (Familie), S. 2. Digitale Bibliothek Band 60: Die Musik in Geschichte und Gegenwart, S.80168 (Vgl. MGG Bd. 14, S.384-385) (c) Bärenreiter-Verlag 1986

[66]Das ist insofern interessant, da Herr Seeger, Seger oder auch Segert, ein Organist war, der u.a. von Johann Sebastian Bach geschätzt wurde und dessen Orgelspiel Kaiser Joseph II. so sehr beeindruckt hatte, „daß er ihn 1782 in die kaiserliche Kapelle berief". Pausewangs Fähigkeiten müssen also mindestens überdurchschnittlich gewesen sein, um solch einen Organisten vertreten zu können. Vgl. MGG, Digitale Bibliothek, Band 60, S.68672 (Vgl. MGG, Band 12, S.461-462)

[67]1773 kehrte Förster laut den Schilderungen Karl Schindlers, nach Niedersteine zurück. Im April jenen Jahres habe er in Glatz gelebt, anschließend sei er nach Neurode, dann erneut nach Niedersteine gegangen und schließlich nach „Mittelwalde" zurückkehrt. Hier habe der 25jährige sich in eine gewisse Constanzia Penedl verliebt, der er Kompositionen gewidmet habe, die von ihm selbst mit künstlerischen Handzeichnungen verziert worden seien. Wohl in Erinnerung an die erste große Liebe nannte er sein letztes Kind später Constanze. Karl Schindler ist in seinen Jahresangaben so ungenau, daß auf eine weitere Bezugnahme verzichtet werden muß und auch Zweifel an seinen Ausführungen bleiben. So gibt er als Zeitspanne für Försters Pragaufenthalt die Jahre 1776-1779 an! Anm. d. Hrg.
Vgl. Karl Schindler, ALOYS FÖRSTER AUS NIEDERSTEINE, Ein Vertrauter Beethovens – die Schicksale seiner Familie 1748-1823, in: So war ihr Leben, Bedeutende Grafschafter aus vier Jahrhunderten, Heidelberg 1975, S.44

[68]Man muß sich vergegenwärtigen, daß für einen Schlesier Prag und Breslau die nächsten Stationen waren, um ein Studium aufzunehmen. Schlesien bedeutete im 18. Jahrhundert eine deutsche Kultur, aufgebaut auf den Fundamenten einer alten slawischen (polnisch-tschechischen) Kultur. Anm. d. Hrg.
Vgl. hierzu Norman Davies und Roger Moorhouse, Breslau. Die Blume Europas. Die Geschichte einer mitteleuropäischen Stadt, Ulm, 2002, S.171-177.
Ein anderer, einundzwanzig Jahre jüngerer Schlesier namens Joseph Xaver oder Joseph Anton Franz Elsner aus Grottkau im Fürstentum Neisse wählte den „polnischen Weg" und ging nach Warschau, um Lehrer Chopins zu werden! Anm. d. Hrg.

[69]Wir können uns heute gar nicht mehr vorstellen, welche Strahlkraft die Stadt Wien auf die Menschen und insbesondere auf Musiker ausübte. Anm. d. Hrg.

[70]Hier irrt sich Weigl aber wohl im Jahrhundert. Anm. d. Hrg.

[71]Weigl geht hier ein wenig zu hart mit Förster ins Gericht. Es war zur jener Zeit üblich, Werke in Serien oder in Gruppen zu komponieren und herauszugeben, wie z.B. Haydns op.33, die sogenannten *russischen Quartette*. Das ist eben auch eine Gruppe von sechs Streichquartetten, die in dieser Serie herausgegeben wurden. Anm. d. Hrg.

[72]Ignaz Schuppanzigh wurde am 20. November 1776 in Wien geboren und starb daselbst am 2. März 1830. Dieser war anfangs noch als Dilettant tätig und wurde ab 1792 Berufsmusiker. Von 1794-1799 wurde er in eben jenem Hause des Fürsten Karl Lichnowski der Führer des später nach ihm benannten Streichquartettes.

Beethoven nahm 1794 bei ihm Unterricht im Violinspiel. Das Schuppanzigh-Quartett spielte als erstes die Streichquartette Beethovens, aber auch, wie von Weigl erwähnt, die Werke Haydns, wie auch Mozarts und Försters. Von 1808-1816 war er »Quartettprimarius« beim Fürsten Andreas Rasumowsky. Dieser zahlte den Spielern auch nach der Auflösung des Quartetts, die im Jahre 1816 erfolgte, eine Pension auf Lebenszeit. Konzertreisen führten Schuppanzigh durch Deutschland, Polen und Rußland. Im Jahr 1823 kehrte er nach Wien zurück und nahm das Quartettspiel wieder auf. Schuppanzigh dirigierte auch. Als erster veranstaltete Schuppanzigh Quartettsoireen in Wien, wodurch er die unter Mozart beliebten »Augartenkonzerte« wieder neu aufleben ließ. Er war auch für die Uraufführung des ihm gewidmeten a-Moll Quartetts Franz Schuberts im Jahre 1824 verantwortlich. Vgl. Die Musik in Geschichte und Gegenwart: Schuppanzigh, Ignaz, S. 2. Digitale Bibliothek Band 60: Die Musik in Geschichte und Gegenwart, S. 68280 (Vgl. MGG Bd. 12, S. 327)

[73]Sina lebte von 1778-1857. Als er beim Fürsten Lichnowski auf Förster stieß, war er noch ein Teenager, wie auch die anderen Mitglieder des Quartetts! Diese jungen Leute spielten die modernste Quartettliteratur der Zeit und das in jenem zarten Alter! Anm. d. Hrg.

[74]„Herr Musicdirector Louis Sina, ein vorzüglicher Geiger und Herr Violoncellist Linke, beyde in Wien, haben auch auswärts, als würdige Schüler den Ruf ihres Lehrers, des als Mensch und Künstler gleich hochgeschätzten Försters (er starb im Winter 1816[sic!]) bewährt."
Aus: November 1819, in: MUSIKALISCHE ZEITUNG, EIN UND ZWANZIGSTER JAHRGANG vom 6. Januar 1819 bis 29 December 1819, Leipzig 1819, S.786

[75]Florian Gaßmann (*3. Mai 1729 in Brüx (Böhmen), gest. 20. Januar 1771 in Wien, war ein böhmischer Komponist. Von Haydn und Mozart wurde er sehr geschätzt. Letzterer soll gesagt haben: »Komme ich erst heim, so will ich seine Kirchenmusiken fleißig studieren und hoffe, viel daraus zu lernen.«; (O. Jahn, Mozart, III, 303.); in: Die Musik in Geschichte und Gegenwart: Gaßmann, Florian Leopold, S. 4. Digitale Bibliothek Band 60: Die Musik in Geschichte und Gegenwart, S. 26072 (Vgl. MGG Bd. 04, S. 1434) (c) Bärenreiter-Verlag 1986

[76]Joseph Wölfl, geboren am 24. Dezember 1773 und gestorben am 21. Mai 1812 in London, war ein gefeierter, komponierender Klaviervirtuose, der auch als Kapellmeister gefragt war. Es sei nach dem MGG fraglich, ob er von W. A. Mozart Unterricht erhalten hat. Anm. d. Hrg. Siehe: Die Musik in Geschichte und Gegenwart: Wölfl, Joseph, S. 3. Digitale Bibliothek Band 60: Die Musik in Geschichte und Gegenwart, S. 81420 (Vgl. MGG Bd. 14, S. 757) (c) Bärenreiter-Verlag 1986

[77]Das gilt beinahe ebenso für unsere Zeit. Anm. d. Hrg.

[78]Weigl schreibt einmal von einer *Sperrsache*, ein anderes mal aber von einer *Sperrsakte*. Anm.d.Verf.

[79]Hier zeigt sich im Musikwissenschaftler Karl Weigl der Kompositionspraktiker! Anm. d. Hrg.

[80]Weigl meint hier entweder unsere S.8 oder unsere S.9. Es wird aus seiner Dissertation nicht ganz klar. Anm. d. Hrg.

[81]Weigl ist ganz klar von einem musikalischen Weltbild des „Noch-nicht" und des „Nicht-mehr" geprägt und spielt die großen Klassiker letztlich gegen Förster aus. Die moderne Musikwissenschaft sollte diese Musik viel vorurteilsfreier betrachten. Anm. d. Hrg.

[82]Siehe oben. Ein Musikwissenschaftler sollte heutzutage solche Ausdrücke vermeiden und nicht über Personen und ihre Zeit urteilen. Anm d. Hrg.

[83]Was zu beweisen war. Anm. d. Hrg.

[84]Der Begriff der Wechseldominante entspringt natürlich nicht dem Denken des 18. Jahrhunderts, sondern dem der systematischen Musikwissenschaft Ende des 19. Jahrhunderts. Förster hätte zwar das harmonische Phänomen im Kontext zweier Generalbaß-Stufen-Schritte gekannt, jedoch nicht diese Begrifflichkeit, wie wir noch in seiner Generalbaßlehre sehen werden. Anm. d. Hrg.

[85]Es muß hier dringend erwähnt werden, daß die musikalische Orthographie der originalen aus Weigls Dissertation folgt. Der Herausgeber hätte statt der zwei punktierten Sechzehntel lieber zwei originäre Sechzehntel geschrieben, denn es gibt hier an keiner Stelle eine Notwendigkeit, so zu notieren. Etwas anderes ist es freilich, wenn Förster im Original triolische Repetitionen meint. Anm. d. Hrg.

[86]In T.2 des Beispiels wurde der Ton f in der I. Violine zu fis korrigiert. Anm. d. Verf.

[87]Wieso „natürlich"? Anm. d. Hrg.

[88]Weigls Notenbeispiel wurde der besseren Lesbarkeit halber um ein Notensystem erweitert. Da die Originalnoten nicht vorliegen, wurde das Viertel e im letzten Takt belassen und nicht zu einer punktierten Viertel korrigiert. Ebenso wurde die Fermate nur über dem gis der 1. Violine belassen. Anm. d. Hrg.

[89]Es scheint mir gewagt, bei Förster von einem Übergangstypus zu sprechen, denn wenn, hätte er ja einen Übergang von Vorklassik zu Klassik darstellen müssen, in diesem Kontext aber wird er zum Komponisten einer Übergangszeit von der Klassik zur Romantik erklärt. Man sollte die Schönheiten seiner Musik unabhängig von den Namen betrachten, die die Geschichte übrig gelassen hat! Anm. d. Verf.

[90]Es soll erwähnt sein, daß Förster nicht immer konsequent in seiner Nummerierung vorgeht: einmal schreibt er Nr. X und einmal Nr. X.. so daß der Herausgeber hier eingriff und die Variante gewählt hat, die auch in Försters Notenanhang steht: Nr. X., was auch dem Sprachgestus der Zeit mehr entspricht.

[91]Anmerkung: Förster kennzeichnet die erhöhte 4. Stufe mit einer 4 und einem mikroskopischen kleinem Plus rechts daneben. Da das Programm Lilypond dieses Plus nur dann rechts setzen kann, wenn die Generalbaßziffern unter den Noten stehen, konnte dieses Pluszeichen nur vor die Ziffer gesetzt werden. Es blieb leider keine Zeit, eine dementsprechende Erweiterung per Scheme-Script zu programmieren. Wer sich der Aufgabe annehmen will, sei herzlich dazu eingeladen. Leider verhält sich das Layout in Lilypond dann im Buch-Kontext auch anders als im Notenkontext, auch hier wäre noch eine Anpassung per Scheme erforderlich. Anm. d. Hrg.

[92]Rameau ist der Ansicht, daß bei der absteigenden Molltonleiter nicht nur der Leitton aufgegeben, sondern zusätzlich auch die 6. Stufe erniedrigt werden müsse.

Vgl. Jean Philippe Rameau, Traite d l'harmonie, Reduite á fes Principes naturels; DIVISÉ EN QUATRE LIVRES. Paris 1722, S.246
Es heißt dort:

„La progression du *Ton mineur* n'est differente du *majeur* en montant, que dan la Tierce qui est *mineure* d'un côté, &*majeure* de l'autre; mais en descendant il faut rendre le *B-mol* á la Notte *Si*, & ôter le *Dieze* de la *Notte sensible* Ut."

[93]Schlagartigen oder unerwarteten Ausweichungen. Anm. d. Hrg.

[94]Im Original steht hier tatsächlich Paragraph 15. Der Setzer hatte sich verzählt, wie der Setzer auch nicht konsequent in der Kursivstellung der musikalischen Ausdrücke war. Anm. d. Hrg.

[95]Das a im 2. Takt im Bass wurde zum g korrigiert. Förster sagt selbst, daß der Quinten in Gegenbewegung zuviel seien, und diese sollten demonstriert werden, deshalb macht das a im 2. Takt im Bass keinen Sinn. Hier das Original:

Anm. d. Verf.

[96]Man unterschied im ausgehenden 18. Jahrhundert eigentlich nur zwischen dem *strengen* und dem *freien*, oder dem *gebundenen* (wegen der Dissonanzbehandlung: Vorbereitung mit Überbindung, dann Dissonanz, gefolgt von der Auflösung) oder dem *galanten Stil*. Die Ansicht, es habe einen galanten Stil gegeben, der nur für eine kurze Epoche um 1750 bestanden habe, ist nach dem Studium der Schriften Heinrich Christoph Kochs schlichtweg falsch! Sogar das MGG irrt hier. Die Musik eines Haydn oder Mozart ist einfach nur *galanter Stil*. Koch sieht sogar das Quartett als vollkommene Symbiose zwischen *galanter und strenger Schreibart*. Vgl. Heinrich Christoph Koch, Versuch einer Anleitung zur Komposition, Bd.3, Leipzig 1793, S.325-327; Vgl. Heinrich Christoph Koch, Musikalisches Lexikon, Frankfurt 1802, S.1450-1456.
Es wäre besser, die Musik der Wiener Klassik nach jenen Kriterien zu klassifizieren, anstatt nach den „Schubladen" Barock oder Klassik zu verfahren. Immerhin schlägt man nun im neuen Handbuch der Musikwissenschaft die Bezeichnung Musik des 18. Jahrhunderts vor.

[97]In T. 15 wurde der Accord d'-a'-c" zu e'-a'-c" korrigiert. Anm. d. Hrg.

[98]Eigentlich müsste hier auch eine 5 mit Kreuz stehen, Förster wollte an diesem Punkt den Schüler nicht verwirren, denn man sah einfach die reine Quinte, wie er es auch im Text erwähnt, als einem Septakkord so selbstverständlich zugehörig an, daß eine extra Bezifferung nicht notwendig erschien. Denn die Terz wurde ja erhöht und die Sept wurde beziffert, so daß man sicher von einem *charakteristischen* Septakkord ausgehen konnte. Auf die Notwendigkeit, was zu beziffern ist und auf was verzichtet werden sollte, geht er im §. 77. ein. Anm. d. Hrg.

[99]Im dritten Takt setzt Förster das gis' stillschweigend voraus und bezeichnet es weder im verminderten Septakkord als 4+ auf Zählzeit-1, noch im Septimakkord als 5+ auf der Zählzeit-2. Im vierten Takt wurde auf der letzen Zählzeit ein Kreuz für die Generalbassbezeichnung Dur-Terz ergänzt. Anm. d. Hrg.

[100]Im vorletzten Takt wurde zum a1 ein Auflösungszeichen hinzugefügt und im letzten Takt wurde das h1 ergänzt. Anm. d. Hrg.

[101]Die Zeit kam sehr bald nach Försters Tode. Anm. d. Hrg.

[102]Im letzten Takt von Beispiel Nr. 110 wurde das d zu dis erhöht. Förster bezifferte es zwar im Generalbass, der Stecher hat aber wohl das Vorzeichen im Diskant vergessen. Anm. d. Verf.

[103]Interessant sind auch die parallelen Nonen im zweiten Takt sowie im zweiten Takt nach dem ersten Doppelstrich. Anm. d. Verf.

[104]Siehe die parallelen Septimen im vorletzten Takt. Anm. d. Verf.

[105]Die Vorzeichen in diesem Beispiel sind verwirrend, im 3. Takt ist nach der allgemeinen Bezifferung und Försters Bezifferungssystem von der Tenorstimme aufwärts im 2. Akkord ein as1 zu notieren, dieses steht aber nicht in seinem Beyspiel. Auf der 3. Zählzeit ist nicht klar, ob man es nicht mit einem c-Moll zu tun hat, aber ein es ist nicht bezeichnet. Hier mein Vorschlag:

[106]Nicht völlig auszuschließen ist, daß das letzte fis' in der Alt-Stimme von Nr. 138 auch ein f' sein könnte.

[107]Die parallelen Septimen haben den Herausgeber schwer beeindruckt. Anm. d. Hrg.

5 Quellen

Literaturverzeichnis.

Budday, Wolfgang: Grundlagen musikalischer Formen der Wiener Klassik: an Hand der zeitgenössischen Theorie von Joseph Riepel und Heinrich Christoph Koch dargestellt an Menuetten und Sonatensätzen (1750 - 1790), Kassel, Bärenreiter 1983

Budday, Wolfgang: Harmonielehre Wiener Klassik. Theorie-Satztechnik-Werkanalyse. Beiheft: Satztechnische Übungen – die Harmoniekurse von W.A. Mozart und E.A. Förster, Stuttgart, Berthold & Schwerdtner 2002

Förster, Emanuel Aloys: Anleitung zum General-Bass, Wien, Träg und Sohn, Leipzig, Breitkopf und Härtl 1805

Gárdonyi, Zsolt und Nordhoff, Hubert: Harmonik. Ein Lehrwerk, überarbeitete und verbesserte Neuauflage, Wolfenbüttel, Möseler-Verlag 2002

Riemann, Hugo: Geschichte der Musiktheorie im IX.-XIX. Jahrhundert, Leipzig, Max Hesse's Verlag 1898

Schindler, Karl: ALOYS FÖRSTER AUS NIEDERSTEINE, Ein Vertrauter Beethovens – die Schicksale seiner Familie 1748-1823, in: So war ihr Leben, Bedeutende Grafschafter aus vier Jahrhunderten, Heidelberg, Marx Verlag 1975

Weigl, Karl: Emanuel Aloys Förster, in: Sammelbände der Internationalen Musikgesellschaft. Heft 2, Leipzig, Breitkopf & Härtel 1905

Über Karl Weigl:

Karl Weigl, in: inspired by Mahler, Mahler 2010/2011, Broschüre, Wien, Universal Edition 2010

Enzyklopädieartikel.

Digitale Bibliothek Band 60: Die Musik in Geschichte und Gegenwart, Kassel, (c) Bärenreiter-Verlag 1986

daraus folgende Artikel:

Bužga, Jaroslav: Seger, Josef Ferdinand Norbert, ebda., S.68672 (Vgl. MGG Bd.12, S.460-462)

Geck, Martin: Weigl, Karl, ebda., S.80168 (Vgl. MGG Bd. 14, S.384-385)

Hamann, Heinz Wolfgang: Wölfl, Joseph, ebda., S.81420 (Vgl. MGG Bd. 14, S.757)

Jancik, Hans: Schuppanzigh, Ignaz, ebda., S.68280 (Vgl. MGG Bd. 12, S.327)

Komma, Karl Michael: Gaßmann, Florian Leopold, ebda., S.26072 (Vgl. MGG Bd. 04, S.1434)

Orel, Alfred: Förster, Emanuel Aloys, ebda., S.23297 (Vgl. MGG, Bd. 04, S.453-454)

Bildnachweis.

Abb.2.1.: Karl Weigl und Vally zur Zeit ihrer Hochzeit 1921.
Karl Weigl Foundation 17 Redwood Drive San Rafael, CA 94901 USA

Abb.2.2: Karl Weigl 1940. Karl Weigl Foundation USA.

Abb.2.3: Emanuel Aloys Förster, Lithographie von Josef Eduard Teltscher, 1820; Photo von Peter Geymeyer.

Genehmigung: Diese Bild- oder Mediendatei ist gemeinfrei, weil ihre urheberrechtliche Schutzfrist abgelaufen ist. Dies gilt für alle Staaten mit einer gesetzlichen Schutzfrist von 100 Jahren oder weniger nach dem Tod des Urhebers.
Quelle: http://de.wikipedia.org/wiki/Emanuel_Aloys_Förster

Verzeichnis der Internetquellen.

The Karl Weigl Papers, in: The Irving S. Gilmore Music Library of Yale University

http://webtext.library.yale.edu/xml2html/Music/wgl-d.htm
(Der dieser Arbeit zugrundeliegende Link wurde geändert und ist nicht mehr verfügbar.) Der aktuelle Link ist zu lang und kann durch LaTeX nicht dargestellt werden. Man kann die Karl Weigl Papers jedoch hier aufrufen:

http://www.library.yale.edu

Daniel Hensel

Wilhelm Friedemann Bach

Epigone oder Originalgenie,
verquere Erscheinung oder großer Komponist?

ISBN 978-3-8382-0178-8
258 S., Paperback, € 24,90

Erhältlich in jeder Buchhandlung
oder direkt bei

ibidem

Er war der Erstgeborene Johann Sebastian Bachs. Den Bach-Söhnen galt er als erneuertes Genie des Vaters, seinen Zeitgenossen als der größte Orgelspieler Deutschlands und genialer Improvisator. Doch er starb verarmt.

Wilhelm Friedemann Bach schrieb als junger Mann einen für die Zeit hypermodernen Stil, ganz in der Abkehr von der Musik seines Vaters, und kehrte im Alter zur Fuge zurück. Seine Fugenkompositionen werden von der Musikwissenschaft belächelt - doch sind sie tatsächlich stümperhaft oder vielmehr eine folgerichtige Weiterentwicklung? Steht Friedemann zwischen den Welten von Barock und Klassik, wie immer gesagt wird? Und wie sahen die Zeitgenossen generell die Musik im 18. Jahrhundert? Das Privatleben Wilhelm Friedemann Bachs, das als skandalös galt, bot genügend Stoff für eine Gründgens-Verfilmung.

Daniel Hensel, Komponist und Musikwissenschaftler, nimmt sich in seinem Buch der komplexen Persönlichkeit Wilhelm Friedemann Bachs an und überprüft Urteile und Vorurteile über Leben und Werk des Künstlers. Dabei behandelt er neben zeitgenössischen Originalquellen die Stellung Wilhelm Friedemann Bachs als Romanfigur, die Quellenlage der Werke und auch in exemplarischen Analysen einige seiner Klavierwerke. Diese Analysen des Werkes Friedemann Bachs durch einen Komponisten sind bislang einzigartig. Hensel vermittelt bei seiner detaillierten Beschreibung einen lebendigen Blick auf das 18. Jahrhundert, auch abseits der Wiener Klassik, einem Jahrhundert voll von gesellschaftlichen und musikalischen Umbrüchen. Durch das Studium zeitgenössischer Theoretiker kommt er zu einer Neubewertung der Musik der Mitte des 18. Jahrhunderts, abseits der Termini „Barock“, „Vorklassik“ oder „Klassik“, was auch den Blick auf die Wiener Klassik verändern könnte. Bei den Analysen stößt er auf zwei überraschende Ergebnisse: Friedemann Bach steht kompositorisch durchaus in der Kette der Musikgeschichte, er war nur seiner Zeit voraus. Die Klassik überspringt er und schaut direkt in die Romantik. Seine exzessive Materialverarbeitung lässt an Brahms, der ein Werk Friedemanns bearbeitete, und Arnold Schönbergs Technik der entwickelnden Variation denken. Seine Fugenkompositionen erinnern in ihrer musikalischen Aussage an das Spätwerk Liszts, technisch sind sie dem Vater als weiterentwickeltes Erbe zumindest ebenbürtig.

Das Buch richtet sich an Interessierte aller Coleur, an ausübende Musiker, Musiktheoretiker und interessierte Laien.

ibidem-Verlag • Melchiorstr. 15 • 70439 Stuttgart • Tel.: 0711/9807954 • Fax: 0711/8001889
ibidem@ibidem-verlag.de

Daniel Hensel

Von der Einheit in der Vielfalt oder der Lust am Subjektiven:

Die Musik Gerhard Schedls

dargestellt an seiner Instrumentalmusik

ISBN 978-3-8382-0278-5
200 Seiten, Paperback. € 39,90

Der österreichische Komponist Gerhard Schedl war vielleicht der bedeutendste Musik-Dramatiker der zweiten Hälfte des 20. Jahrhunderts. Vielen ist er als Komponist der Kinderoper „Der Schweinehirt" ein Begriff. Doch wie lässt sich sein Stil beschrieben? Was sind seine Wurzeln? Soll man das Werk eines knapp 20-jährigen Komponisten zur Analyse heranziehen, mit dem er berühmt wurde, nämlich „Der Großinquisitor"? Sein kompositorisches Konzept war „ein permanent dramatisches". Schedl selbst hat zur semantischen Deutung seines Werkes immer nur in Andeutungen gesprochen. Durch seinen Suizid im Jahr 2000 besteht die Gefahr, seine melancholisch-dramatische Musik nur im Hinblick auf die Tat zu sehen. Auch hat Schedl selbst zur Legendenbildung einiges beigetragen. So werden die oben genannten Werke immer noch als die wichtigsten betrachtet, doch stellen diese lediglich sein Frühwerk dar.

Schedls letzter Kompositionsschüler Daniel Hensel nahm das Unterfangen auf sich, die Schedlsche Musik so neutral wie möglich zu untersuchen, um ihre besonderen Schönheiten und die kompositorische Meisterschaft Schedls aufzuzeigen und ihn im Kontext der zeitgenössischen Musikentwicklung und der Geschichte der Neuen Musik einordnen zu können. Dabei geht es auch um die Frage, inwiefern seine „neue Ästhetik" eine Abkehr vom Serialismus ist oder nur dessen notwendige Folge. Hensel widmet sich auch der Geschichte der Neuen Musik in Österreich nach 1945 und thematisiert ein zentrales Erlebnis Schedls: Die Rezeption der Zwölftontechnik durch Strawinsky. Hensel berichtet aus eigener Kenntnis, welche Komponisten für Schedls Schaffen wichtig waren, und vermittelt einen packenden Einblick in die Schaffenswerkstatt seines ehemaligen Lehrers.

***ibidem*-Verlag**
Melchiorstr. 15
D-70439 Stuttgart
info@ibidem-verlag.de

www.ibidem-verlag.de
www.ibidem.eu
www.edition-noema.de
www.autorenbetreuung.de

Zeitfracht Medien GmbH
Ferdinand-Jühlke-Straße 7
99095 Erfurt, Deutschland
produktsicherheit@kolibri360.de